# 어떻게 기도할 것인가

크리스챤출판사

This book was first published in the USA
by Moody Publishers with the Title of By *How to Pray*,
Copyright 2007 by Moody Bible Institute Translated by permission.

이 책은 미국의 Moody 출판사에 의해 2007년에 출판된
How to Pray의 원본을 크리스챤출판사에서 번역한 것이다.

Korean Edition
Copyright © 2009 by Christian Publishing House
Seoul, Korea

# 어떻게 기도할 것인가

2009년 8월 15일 1판 1쇄 발행

| | |
|---|---|
| 저 자 | R. A. 토레이 |
| 옮긴이 | 류근상 |
| 발행인 | 류근상 |
| 발행처 | 크리스챤출판사 |
| 주 소 | 경기도 고양시 덕양구 토당동 364 현대 107-1701호 |
| 전 화 | 031-978-9789, 070-7717-7717 |
| 핸드폰 | 011-9782-9789, 011-9960-9789 |
| 팩 스 | 031-978-9779 |
| 등 록 | 2000년 3월 15일 |
| 등록번호 | 제79호 |
| 판 권 | ⓒ 크리스챤출판사 2009 |
| 정 가 | 5,000원 |

ISBN 978-89-89249-61-0

# How To Pray

by Reuben Archer Torrey

# 차례

서문 _._ 5
1. 기도의 중요성 _._ 16
2. 하나님께 기도함 _._ 42
3. 순종과 기도 _._ 52
4. 그리스도의 이름으로 하나님의 뜻을 따라 드리는 기도 _._ 61
5. 성령 안에서 기도함 _._ 74
6. 항상 기도하고 낙심하지 않음 _._ 81
7. 그리스도 안에 거함 _._ 87
8. 감사함으로 기도함 _._ 95
9. 기도의 장애물들 _._ 100
10. 어느 때에 기도하는가 _._ 116
11. 총체적인 부흥의 필요 _._ 127
12. 부흥전의 기도와 부흥이 임할 동안의 기도 _._ 146

서문

# 어떻게 기도할 것인가
by R. A. Torrey

주일학교를 운영해도 좋고, 청년회를 꾸려나가도 좋다.
YMCA나 여전도회 등도 얼마든지 활용하라.
교회총회와 기독교학교, 소년단도 운영하라.
멋들어진 찬양대와 좋은 오르간, 유능한 설교자,
부흥을 위한 온갖 노력도 다 동원하라.
단, 진지하고 끈기 있게 믿음을 가지고 하나님께
기도하여 전능하신 하나님의 능력을 가져오는
그런 일만 하지 않는다면 말이다.

- R. A. Torrey, *How to Pray*

나는 지난 30년간을 책과 함께 살아왔다. 기도집이나 기도에 관한 책들을 비롯해서 고서(古書)나 신간, 고전과 인기작, 작은 소책자에서부터 방대한 분량의 책에 이르기까지 모든 종류의 책들을 읽어왔다. 그 책들은 내 책장의 한 면을 가득 메우고 있다. 나는 심지어 걸어가면서도 그 책들에 빠져들 정도로 애착을 느낀다. 나는 종종 그 책들 중에 하나를 집어 들어 친숙한 구절을 읽곤 한다. 그럴 때면 그 구절들은 기도가 없어 어두워졌던 내 인생길에 빛을 밝혀주곤 하였다. 또는 늘 하나님을 찾는 충실한 제자들에게 주어지는 보상(報償)을 생각나게 해주었던 것이다. 어제와 오늘의 많은 크리스챤들처럼 나 역시도 기도의 신비에 대해 밝히 알기를 원해 왔다. 기도란 하나님과의 관계유지를 의미한다는 사실을 깨닫기를 원했다. 그 분의 음성을 듣고, 그 분의 임재를 느끼며, 응답받는 기도로 가는 문을 열기를 원했으며, 또한 기도란 도리에 맞는 적절한 간구를 의미한다는 것을 알기 원했던 것이다.

책들 또는 기도의 경험에 의해 살아온 내 인생여정에 대해서 말하자면 그 어떤 것도 순탄하지만은 않았다. 역경의 한 가운데에서 나는 하나님이 당신의 사랑에 대해 알게 해주시기를 더욱 필사적으로 기도했다. 고난을 당하는 동안에는 지금 당장 내게 무엇이 필요한지에 대해서도 둔감해 졌었다. 만일 살아가는 동안 이러한 고뇌와 실망이 너무 자주 내게 닥쳐온다면, 마치 하나님께서 아무 말씀도 하시지 않는 것과도 같은 곤고함을 느낄 것이다. 그리고 이러한 것들은 많은 사람들이 다들 공통적으로 경험하는 것들이다. 그러함에도 나에게는 여전히 기도해야 한다는 생각이 남아 있었다. 기도는 신실한 기독교인들에게 주어지는 명령일 뿐만 아니라 영적 생존에 있어서도 기도가 중요한 역할을 한다는 것을 인식하고 있었던 것이다.

어쩌다가 나는 그 많은 독서 생활 가운데에서도 R. A. Torrey의 작은 고전인 How to Pray를 접해보지 못했었다. 사실 그 책이 나에게 주어지기 전까지는 그런 책이 있었는지 조차도 들어보지 못했던 것 같다. 세상의 많은 책들, 특히 기독교서적 가운데 기도에 관한 주제를 다루고 있는 책들 중에서도 이 책은 출판된 지 오래되었고 그 크기도 작기 때문에 놓쳐버리거나 심지어 무시되기 쉬운 책이다. 당대의 복음전파자, 목사, 교육가, 그리고 작가로서 중요한 인물이었던 R. A. Torrey는 거의 80년 가까이 잊혀져 왔었다. 사려 깊고 견문이 넓은 몇몇 사람들만이 유산인 그의 작품들을 기억하고 있었다.

그러나 그 유산들은 예나 지금이나 큰 가치를 지니고 있는 것이다. 어느 전기 작가는 이렇게 기록했다. "그리스도를 위해 그처럼 많은 일을 해낸 사람이 있다는 사실이 믿기지 않을 정도다." 그 일들이란 성령, 기도, 구원, 영혼의 승리, 부흥, 그리고 복음주의와 같은 주제들을 다룬 40여권의 책들을 포함하고 있으며, 그 사역들이 세계적으로 주일학교 수업과 성경을 다룬 책들에 대한 강의 등에 도움을 준 것은 말할 것도 없다. 그의 책 *How to Promote and Conduct a Successful Revival*(1901)은 개인적이면서도 대중적인 복음주의에 관해 쓴 최고의 책들 중 하나로 손꼽힌다. 결국 그는 네 개의 분야에 있어서 모두 뛰어난 사람이었다. - 교육가로서, 목사로서, 세계적인 복음전도자로서, 그리고 작가로서.

R. A. Torrey는 1856년 뉴욕시의 법인회사 변호사이자 은행원인 Reuben Torrey와 그의 아내 Elizabeth 사이에서 태어났다. 전하는 바에 의하면 그들은 고상하고 품위 있는 사람들인데 나중에는 재산을 모두 잃게 되었다고 한다. 그의 부모들은 교회 출석과 같은 종교적인 관습을 존중하기는 했지만, 자녀들에게 영적인 교육을 하지는 않았다. 따라서 토레이가 그리스도를 접하게 될 기회는 많지

않았으며, 그 마저도 마지못해 하게 되는 것이었다. 그러던 중 다락방에서 '크리스천이 된다는 것'에 관해 쓴 책 한권을 읽게 되고 하나님께서 그를 법률가 대신 설교자로 만들 것이라는 사실을 강하게 직감하게 된다. 그러나 그는 그 길로 가지 않을 것을 결심하였다. 총명한 사상가였던 토레이는 그가 열다섯 살 되던 해에 예일 대학교에 입학하게 되고 학문적인 회의의 시간들을 보내게 된다.

어느 날 밤 그는 꿈을 꾸었는데 그의 어머니가 한 천사로 나타나 그에게 설교를 할 것을 청한다. 이어서 그는 자살하고픈 강한 충동을 느꼈으나 사용할 날카로운 물체를 찾을 수가 없었다. 여전히 자살을 시도하려는 동안 그는 갑자기 기도하고픈 강력한 충동을 느끼게 되었다. 그리고는 침대에 기대 무릎을 꿇고 자신을 구해 줄 것을 주님께 간구하였다. 그는 이렇게 기도 하였다. "오, 하나님, 이 짐의 굴레에서 나를 건져주소서. 그러면 내가 무엇이든지 하겠나이다. 설사 그것이 설교라 해도 기꺼이 하겠나이다." 전해지는 바에 의하면 같은 시간에 그의 어머니 역시 그의 아들을 위해 기도해야겠다는 마음이 강하게 들었다고 한다. 그는 지극히 평안한 마음으로 잠이 들었다. 그리고 1875년 봄에 그는 교역자가 되어 예일대학 신학부에 들어갔다.

아이러니하게도, 예일대학에 있는 동안에 토레이는 정해진 형식도 없이 정식 교육 또한 받지 못한 무디의 힘 있는 설교를 경험하게 되었다. 그는 무디가 말한 두 가지를 듣게 되고 그것은 그의 삶의 중심이 되어 버렸다. 어떻게 하면 사람들을 그리스도께로 이끌 수 있느냐는 질문에 무디는 어디에서도 들어보지 못한 대답을 들려주었다. "일단 시작해 보라! 그것이 배울 수 있는 최선의 방법이다." 토레이는 특이한 그 방법을 즉시 실행하였다. 그는 그가 관심을 가지고 있는 전도대상자에게 성경 본문에 있는 말씀과 구절들에 관한 질문을 하였다. 그런 후에, 그 사람의 손에 성경을 올려놓고 그로 하여금 본문을 읽게 하였다. 무디는 또한 이렇게 말했다. "믿음은 그 어떤 일도 할 수 있습니다." 이 말은 토레이가 살아가는 인생의 원리가 되었다.

토레이는 독일의 주요 대학들로 공부를 하기 위해 갔다. 그는 독일의 고등비평에 잠시 빠지기도 하였으나 이내 정통교리로 다시 돌아왔다. 그리고는 자유주의의 막강한 적군이 되었던 것이다. 그는 회중교회에서 일찍이 목사안수를 받고 목회자로서 봉사를 했었기 때문에, 미국으로 돌아와서는 두 곳의 교회에서 목회를 하였다. 그는 "항상 기도하라"라는 조지 뮬러의 좌우명을 신뢰 하였고 각자의 월급에 따른 자유로운 헌금을 인정하였다.

1889년, 토레이는 무디의 초청으로 Chicago Evangelization Society의 초대 교장이 되었고(Moody Bible Institution의 전신), 1908년까지 그곳에서 봉직하였다. 그 학교가 초기에 성공을 볼 수 있었던 것은 그 누구보다도 토레이의 공이 크다. 그는 모든 교육과정과 실제적인 기독교 사역 프로그램의 기초를 닦아 놓았다. 성경을 강해하는 비범한 능력과 청중이나 수업을 듣는 학생들에게 성경의 내용이 생생하게 살아 움직이는 것이 되게 하는 능력 두 가지 모두로 인해, 거기에는 그의 재능과 훈련이 함께 어우러져 잘 나타나는 듯 했다. 학생들은 그의 가르침에 경이로움마저 느꼈고, 그의 끊임없는 기도의 습관은 명성이 자자했다. 토레이에 관한 많은 일화들 중 하나에 따르면, 한 학생이 현실적인 문제를 들고 토레이의 사무실을 찾았다. 그들이 함께 기도를 하고 난 후, 토레이가 무릎을 꿇고 있던 마룻바닥은 눈물로 흥건하게 다 젖어있었다고 한다.

이와 같은 실제적인 기도와 그의 기도에 대한 열정은 이 작은 책에 대한 신뢰감과 신선함을 불러일으킨다. 이 책의 첫 페이지에서 독자는 다음과 같은 단호한 구절에 붙들리게 된다. "지각 있는 하나님의 자녀"라면 이렇게 말하게 될 것이다. "기도하고, 기도하고 또 기도해야겠구

나. 나의 온 힘과 마음을 다 쏟아 부어 기도해야겠다. 내가 어떠한 일을 하던지 간에 반드시 기도해야 하겠다." 이러한 생각을 나는 얼마나 자주 하는가, 그리고 "모든 일에 있어서 기도하라"는 명령을 얼마나 충실히 이행하는가, "졸거나 기도하는 일을 멈추지" 않고 말이다. "졸지 말고 깨어 기도하라...성실한, 쉬지 않는, 인내하는, 모든 것을 극복하는.... 그런 기도를 하라."라는 그의 말은 백번 옳은 말이다. 그렇게 해야 하는 이유를 그는 다음과 같이 적절하고도 간결하게 표현하고 있다. "사탄이 역사하고 있다."

아마도 기도에 관한 가장 위대한 책들은 영적으로 직관력이 있고 동시에 심리적으로도 기민한 그러한 사람들에 의해 쓰여질 것이다. 토레이가 바로 이 두 가지를 모두 갖춘 사람이다. 특히 후자에 대해서는 그가 독자에게 던지는 질문을 통해 명백히 알 수 있다. "당신은 실제로 하나님의 임재 속에 들어갈 만큼 충분한 기도의 시간을 갖는가?" 그리고 인용할 만한 그의 많은 문장들 가운데 한 곳에서, 그는 안타까운 마음으로 이렇게 말한다. "하룻밤의 기도는 잠 못 드는 수많은 밤들로부터 당신을 구원해 줄 것입니다." 그는 또한 통찰력 있게 다음과 같은 지적을 한다. "많은 기도들이 신실하지 못하다. 사람들은 그들이 원하지 않는 것들을 구하고 있다....수많은 교회들이 실제로 원하지도 않는 부흥을 놓고 기도하고 있다." 그는 계속해서 말한다. "왜냐하면 크리스챤들은 그 부흥이 가져올 '개인의 변화, 가정의 변화, 사회생활의 변화'를 실제로는 원하지 않고 있기 때문이다." 그저 마음을 따스하게 만드는 무미건조한 문구가 아닌 철저한 진실이 있어야 하는 것이다.

믿기지 않을 만큼 간결하면서도 잘 짜여진, 그리고 명료한 토레이의 책은 우리에게 친숙한 개념들을 말하고 있으면서 전혀 진부하지가 않다. 매 페이지를 넘길 때 마다 독자들은 그 신선하면서도 때로는 유머러스하고, 때로는 눈이 번쩍 뜨이는 강력한 표현들에 놀라게 된다. "쉬지 않고"라는 구문에 대해 토레이는 "이 말은 문자적으로는 '바깥으로 확장되는' 이라는 뜻을 의미한다. 이것은 진지하고 강렬한 열망의 확장을 바라는 영혼의 상태를 나타낸다"라고 설명하였다. 토레이는 하나님을 기쁘시게 한다는 것은 단지 권장될 만한 것들을 하게 해 달라고 하던지 혹은 금지된 어떤 것들을 하지 않게 해달라고 구하는 것이 아니라고 말한다. 그것은 "모든 일에 있어서 아버지의 뜻을 알기위해 부지런히 살피고 연구하는 것이다"라고 한다. 그는 일종의 개념들, 즉 우리가 너무 자주 들어서 그것들을 접할 때 마다 별다른 의미 없이 무의식적으로 받아들이는 개념들, 그저 종교적이고 뻔한 사용들로 인해 추상적으로 되어 버린 개념들에 대한 애매함과 편견을 없애준다. 이러한 개념들 중 하나로 "그리스도 안에 거하기"를 들 수가 있는데, 그는 이 개념에 대해서 말하기를 이 개념은 사람들에게 단지 "너무 신비스럽거나 매우 심오한" 것이 되어버린 나머지 "실제적으로는 아무것도 아닌 것이나 마찬가지인 것"이 되었다고 한다. 그는 다음과 같이 말한다. "실제로 그리스도 안에 거한다는 것은 그를 떠난 우리 자신의 독립적인 삶을 포기하고 계속하여 그 분만을 바라보는 것이다....우리를 통하여 그 분의 생명이 살아 움직일 수 있도록," 그것은 또한 그 분의 말씀을 전적으로 의지하는 것으로서 매우 구체적이고 실제적인 과정이다.

"기도의 장애물들"이라는 제목의 장에서 토레이는 죄의 분명한 형태들에 대해 실제적으로 말하고 있다. 우리가 만들어 내는 우상들(남편, 아내, 자녀들), 인색함, 아내를 무시하는 것, 그리고 불신앙. 이러한 것들은 하나님과 우리 사이의 관계에 있어서 현실의 장애물들이다. 그는 우리가 그리스도의 본(이른 아침에, 늦은 밤에, 큰 위기 직전에, 굉장한 성취를 이룬 직후에, 유난히 바쁠 때, 그리고 유혹 전에)을 따라 기도할 때, 우리는 기도에 대한 새로운 이해와 함께 그렇게 기도하기를 동경하게 된다고 한다.

  토레이는 부흥에 관한 두 개의 장으로 이 책을 끝맺고 있다. 그 당시의 세상에 부흥이 필요했음에 대한 논의거리들을 포함하여(우리시대 역시 별 다를 것이 없다), 약간의 부흥에 관한 역사들, 단체들, 놀라운 부흥의 재필요성 등을 다루고 있다. 이어서 그는 다음과 같이 청원한다. "모든 교회가 함께 기도하기를 시작할 필요는 없다. 위대한 부흥은 항상 하나님께서 그 심령을 깨워 일으키시는 몇몇 사람들을 통해 먼저 시작된다…" 이 책을 읽는 어느 누구라도 바로 그 몇몇 사람이 되고자 하는 마음이 심령에 일기를 바란다.

Rosalie De Rosset

# 1

# 기도의 중요성
-The Importance of Prayer-

에베소서 6:18에서 우리는 기도의 크나큰 중요성에 대한 놀랍고도 엄청난 표현들을 보게 된다.

"모든 기도와 간구로 하되 무시로 성령 안에서 기도하고 이를 위하여 깨어 구하기를 항상 힘쓰며 여러 성도를 위하여 구하고…."

이 말씀이 뜻하는 바를 앞뒤의 문맥과 함께 깊이 있게 살펴보게 될 때에, 지각 있는 하나님의 자녀라면 이렇게 말하게 될 것이다. "기도하고, 기도하고 또 기도해야겠구나. 나의 온 힘과 마음을 다 쏟아 부어 기도해야겠다. 어떠한 일을 하던지 간에 반드시 기도해야겠다."

영어 개정 표준역본이 흠정역본보다 이 의미를 더 강하게 잘 나타내주고 있다. "언제든지 성령 안에서 모든 기도와 간구로 기도하라. 이를 위하여 모든 성도들을 위하여 모든 인내와 간구로 지켜보고 신경을 써주어라."

이 "모든"(all)이란 단어에 주목하라. "모든 기도에", "모든 때마다(항상 언제든지)", "모든 인내로", "모든 성도를 위하여." 또한 강한 의미를 지닌 단어들로 가득 차 있다는 것도 주목하라. "기도", "간구", "인내" 또한 "이를 위하여 …깨어서"라는 강한 표현에 한 번 더 주목하

라. 좀 더 문자적으로 말하자면 "이 일에 있어서 게으르지 않는다"라는 의미이다. 바울은 본성적인 인간의 나태함, 특히 기도함에 있어서 게으른 인간의 본성을 잘 알고 있었다. 우리가 만나는 모든 일들에 대하여 우리는 기도하기를 얼마나 게을리 하는가! 교회와 개개인이 기도를 통해 큰 축복의 상태에 거의 다 이르러서는 그만 게으름에 빠지고 기도하는 것을 쉬는 것 때문에 그 축복을 그냥 놓쳐버리는 경우가 얼마나 많은가! "기도하기를 게을리 하지 말라"라는 이 말씀이 우리의 마음속에서 활활 타오르기를 바란다. 그 구절 전체가 우리들 마음속에 불타오르기를 바란다.

이 같은 꾸준히 계속되는 힘 있는 기도가 왜 그리도 필요한가?

### 1. 마귀가 역사하고 있다.

마귀는 교활하고 강할 뿐만 아니라 결코 쉬는 법이 없다. 마귀는 하나님의 자녀들을 쓰러뜨리기 위해 끊임없이 구상하고 책략을 부리고 있다. 만일 하나님의 자녀의 기도가 느슨해지면 마귀는 그를 함정에 빠뜨리는데에 성공하게 된다.

이 문맥의 요점이 바로 이것이다. 에베소서 6:12은 이렇게 말씀하고 있다. "우리의 씨름은 혈과 육에 대한 것이 아니요 정사와 권세와 이 어두움의 세상 주관자들과 하늘에 있는 악의 영들에게 대함이라." 그런 다음 이어지는 13절에서는, "그러므로 하나님의 전신갑주를 취하라. 이는 악한 날에 너희가 능히 대적하고 모든 일을 행한 후에 서기 위함이라"고 말씀하고 있다. 이어서 그리스도인의 갑주의 여러 부분들을 묘사해 놓고 있는데 그것들은 우리가 마귀와 그의 강한 계략에 맞서 싸우고자 할 때 반드시 입어야 하는 것들이다. 바울이 설명하고 있는 이 모든 내용들은 18절에 가서 절정을 이룬다. - 성령 안에서 인내를 가지고 피곤하여 지치지 말고 끊임없이 드리는 기도, 이런 기도가 없이는 모든 것이 허사이다.

## 2. 필요한 것들을 얻는 방법으로 하나님께서 정해 놓으신 것이 기도이다.

그러므로 우리의 삶에서 부족하다고 느끼는 모든 것들은 기도의 소홀함 때문이다.

야고보는 그의 서신 4:2에서 이 점을 아주 강하게 지적하고 있다. "너희가 얻지 못함은 구하지 아니함이라." 많은 수의 그리스도인들의 가난과 무기력한 삶의 원인이 바로 이 말씀 안에 들어 있다. 기도를 소홀히 하는 것이다.

많은 그리스도인들이 이렇게 묻곤 한다, "그리스도인으로서의 내 삶에는 왜 이리도 진보가 없을까?"

"기도의 소홀함." 위의 질문에 대한 하나님의 대답이다. "네가 구하지 않기 때문에 너는 얻지 못하는 것이다."

많은 목회자들이 이렇게 질문한다. "나의 각고의 노력에도 불구하고 왜 열매를 거의 보지 못하는 걸까?

이에 대해 하나님은 다시 대답하신다. "기도의 소홀함 때문이다. 네가 구하지 않는 고로 너는 얻지 못하는 것이다."

많은 주일학교 교사들이 묻는다. "왜 나의 주일학교 학생 가운데는 회심하는 친구들을 거의 볼 수 없을까요?"

여전히 하나님께서는 대답하신다. "기도를 소홀히 하기 때문이다. 네가 얻지 못하는 것은 구하지 않기 때문이다."

목회자와 교회들 모두가 질문한다, "왜 그리스도의 교회가 불신앙과 오류와 죄와 세상적인 것들에 대하여 정면으로 대항하지 못하는 것일까?"

이에 대해 우리는 다시 한 번 하나님의 대답을 듣게 된다. "기도를 소홀히 하기 때문이다. 너희가 얻지 못하는 것은 구하지 않기 때문이다."

### 3. 그리스도인들의 바른 표본으로 하나님께서 직접 세우신 사도들은 기도하는 것을 그들의 삶에서 가장 중요한 일로 여겼다.

초대교회의 사도들의 임무와 책임이 점차 늘어나자, 그들은 "모든 제자를 불러 이르되 우리가 하나님의 말씀을 제쳐놓고 공궤를 일삼는 것이 마땅치 아니하니 형제들아 너희 가운데서 성령과 지혜가 충만하여 칭찬 듣는 사람 일곱을 택하라 우리가 이 일을 저희에게 맡기고 우리는 기도하는 것과 말씀 전하는 것을 전무하리라"고 하였다(행 6:2-4). 사도 바울은 교회와 개인들에게 보낸 편지에서 그들을 위한 기도의 내용을 적어 보냈다. 이로 보아서도 바울은 많은 시간과 정력과 생각들을 기도하는 일에 할애하였음이 분명하다(롬 1:19; 엡 1:15-16; 골 1:9; 살전 3:10; 딤후 1:3).

성경인물이 아니더라도 위대한 하나님의 사람들은 모두 기도의 사람들이었다. 그들은 많은 점들에 있어서 서로 달랐지만 기도에 있어서만큼은 한결같았다.

## 4. 우리 주님의 이 땅에서의 삶에서 기도는 아주 중요한 위치를 차지했고 또한 매우 중요한 역할을 했다.

예를 들어, 마가복음 1:35로 가보자, "새벽 오히려 미명에 예수께서 일어나 나가 한적한 곳으로 가사 거기서 기도하시더니." 그 전날은 매우 바쁘고 분주한 시간들이었다. 그러나 예수님은 필요한 잠을 줄여가며 오히려 필요한 기도를 하는 일에 스스로 몰두하셨다.

다시 누가복음 6:12로 가보자, "이 때에 예수께서 기도하시러 산으로 가사 밤이 맞도록 하나님께 기도하시고"라고 기록되어 있다. 우리 주님은 때로는 온 밤을 지새워가며 기도하는 것이 필요함을 알고 계셨던 것이다.

이 '**기도하다**'와 '**기도**'라는 단어는 우리 주님의 생애에 관한 짧은 기록들에도 불구하고 사복음에서 적어도 25회나 나타나고 있다. 뿐만 아니라 이 단어들이 사용되지는 않았지만 다른 여러 부분에서도 주님의 기도에 대해 언급하고 있다. 확실히 예수님은 기도에 많은 시간과 정력을 쏟으셨다. 따라서 기도하는 일에 많은 시간을 할애하지 않는 다면 그 사람을 예수 그리스도를 따르는 자라고 부를 수는 없는 것이다.

## 5. 기도는 부활하신 주님의 현재의 사역에 있어서도 가장 중요한 부분이다.

다른 무엇보다도 이 사실이 바로 끊임없이 인내하며, 게으르지 않고, 모든 것을 극복하는 기도가 필요한 강력한 이유일 것이다.

그의 죽으심으로 그리스도의 사역이 끝난 것은 아니다. 그의 속죄사역은 그 당시에 완성되긴 하였다. 그러나 그는 부활하시고 승천하시고 아버지의 오른편에 앉으셨다. 그리고 그 때 우리를 위한 다른 사역에 착수하셨다. 그리고 그 사역 역시 속죄사역 만큼이나 중요한 것이다. 그 사역은 속죄사역과 떼려야 뗄 수가 없는 관계에 있다. 왜냐하면 현재의 사역은 속죄사역을 기반으로 하고 있다. 그리고 우리의 완전한 구원을 위해서는 주님의 현재의 사역이 필요하기 때문이다.

우리의 구원의 완성을 위한 주님의 그 위대한 현재의 사역이란 무엇인가? 우리는 이것을 히브리서 7:25에서 확인할 수 있다. "그러므로 자기를 힘입어 하나님께 나아가는 자들을 온전히 구원하실 수 있으니 이는 그가 항상 살아서 저희를 위하여 간구하심이니라." 이 구절은 예수께서 우리들을 완전하게 구원하실 수 있음을 말해주고 있다. 곧 절대적으로 완벽한 바로 그 구원을 말하는 것이다. 그 이유는 그가 단지 죽지 않으셨기 때문만이 아니라 언제나 영원히 살아 계시기 때문이다.

이 구절은 또한 우리에게 그 분이 살아계시는 목적에 대해서도 말해주는데, 곧 "우리를 위하여 간구하심이니라"라고 말씀하고 있다. 기도는 오늘날 주님께서 행하고 계시는 아주 중요한 사역이다. 주님께서 우리를 구원하시는 것은 바로 그 분의 기도에 의해서이다.

로마서 8:34에 나타나 있는 사도 바울의 힘 있는 승리의 도전에서도 우리는 이와 같은 개념을 발견할 수 있다. "누가 정죄하리요? 죽으실 뿐 아니라 다시 살아나신 이는 그리스도 예수시니 그는 하나님 우편에 계신 자요, 우리를 위하여 간구하시는 자시니라."

따라서 우리가 만일 이렇게 현재 사역하고 계시는 예수 그리스도와 교제하려면, 많은 시간을 기도에 할애해야만 한다. 이 끊임없이 인내하며 모든 것을 극복하는 기도에 우리 자신을 드려야 하는 것이다. 무엇보다도 나의 부활의 주님께서 현재에 하고 계시는 주된 사역이 우리를 위한 기도라는 것을 생각할 때에, 항상 기도하는 것이 이렇게도 중요하다는 것을 절실히 깨달았다. 나는 주님과 교제하기를 원한다. 그리고 나는 간구하고 있다. 결국에 나를 어떤 사람으로 만드시든지 간에 나를 기도의 사람으로 만들어 달라고, 어떻게 기도하는 것인지 알게 해 달라고, 기도에 많은 시간을 보내는 사람이 되게 해 달라고 말이다.

다른 사람을 위해 기도하는 이 사역이야말로 영광스러우면서도 힘 있는 사역이다. 그리고 누구나 이 사역에 동참 할 수 있다. 아파서 공적인 모임에 참석할 수 없는 사람도 그 사역에 동참할 수 있다. 바쁜 엄마들, 살림살이에 짬이 없는 주부들일지라도 설거지를 하면서 성도를 위해, 담임 목회자를 위해, 불신자를 위해, 해외 선교사를 위해 기도할 수 있다. 사업으로 바쁜 사람들도 이 일에 참여

할 수 있으며 이 일 저 일로 여기 저기 돌아다니는 동안에라도 기도할 수 있는 것이다. 그렇지만 우리가 끊임없는 기도의 영을 유지하기 위해서는 당연히 기도하는 것에 많은 시간을 들여야만 하는 것이다. 오직 기도만을 위해 하나님과 함께하는 은밀한 장소가 우리에겐 필요한 것이다.

## 6. 기도는 우리가 긍휼히 여기심을 받고 때를 따라 돕는 하나님의 은혜를 입도록 하나님께서 지정하여 놓으신 수단이다.

히브리서 4:16은 성경에서 가장 간결하면서도 달콤한 구절 중에 하나이다. "그러므로 우리가 긍휼하심을 받고 때를 따라 돕는 은혜를 얻기 위하여 은혜의 보좌 앞에 담대히 나아갈 것이니라." 이 구절은 우리가 하나님의 긍휼하심과 자비를 구하며 찾는 방법을 하나님께서 지정해 놓으셨음을 분명히 밝히고 있다. 그 방법은 기도이다. 하나님의 가장 거룩한 임재의 장소인 은혜의 보좌 앞에 확신을 가지고 담대히 나아가는 것이다. 언제나 우리를 긍휼히 여기시는 대제사장이신 예수 그리스도께서 우리를 대신하여 들어가신 그 곳으로 말이다(14-15절).

우리에게는 하나님의 자비가 꼭 필요하며, 그 분의 은혜가 반드시 있어야 한다. 그렇지 않으면, 우리의 전 인생과 모든 노력들은 허사가 되고 말 것이다. 그 자비와 은혜를 얻는 방법이 바로 기도이다. 무한한 은혜가 우리를 위하여 마련되어 있다. 우리는 기도를 통하여 그것을 우리의 것으로 만드는 것이다. 오, 우리가 구하기만 하면 우리의 것이 되는 하나님의 그 충만한 은혜를 깨닫기만 한다면, 그 은혜의 높이와 깊이와 길이와 넓이를 깨닫기만 한다면, 우리는 기도하는데 더욱 많은 시간을 드리지 않을 수 없을 것이다. 우리가 얼마나 많은 은혜를 누리게 되는가 하는 것은 우리가 얼마나 기도하는 가에 달려 있다.

　더 많은 은혜를 받기 원하지 않는 사람이 누가 있겠는가? 그렇다면 은혜를 구하라. 끊임없이 지속적으로 구하라. 지치지 말고 끈질기게 간구하라. 하나님은 우리가 부끄러움을 모르는 걸인들같이 구하는 것을 기쁘게 여기신다. 왜냐하면 그것은 그분을 향한 우리의 믿음을 보여주는 것이며, 하나님은 그 믿음을 아주 기뻐하시기 때문이다. 우리의 "부끄러움을 모르는" 그러한 마음 때문에, 하나님께서는 일어나사 우리의 필요한 것들을 필요한 만큼

채워주시는 것이다(눅 11:18). 차고 흘러넘치는 강 같은 자비와 은혜의 물결에도 불구하고 우리들 대부분은 고작 작은 시냇물과도 같은 자비와 은혜만을 알고 있지는 않은가!

## 7. 예수 그리스도의 이름으로 드리는 기도는 당신의 제자들이 충만한 기쁨을 얻도록 하기 위하여 예수 그리스도께서 친히 지정해 놓으신 방법이다.

그는 요한복음 16:24에서 이 점을 간결하고도 아름답게 표현하셨다. "지금까지는 너희가 내 이름으로 아무것도 구하지 아니하였으나 구하라 그리하면 받으리니 너희 기쁨이 충만하리라." 누가 충만한 기쁨을 원하지 않겠는가? 자, 이 충만한 기쁨을 얻는 방법이 바로 예수의 이름으로 기도하는 것이다. 우리 모두는 기쁨으로 충만한 사람들을 알고 있을 것이다. 확실히 그런 사람들은 기쁨이 넘쳐흐른다. 반짝이는 눈빛, 입술에서 흘러나오는 기쁨의 고백들, 악수할 때에 손가락의 움직임에서도 기쁨이 베어 나온다. 그런 사람들과 만나는 것은 마치 기쁨으로 잔뜩 충전되어 있는 전기 기계를 접촉하는 것과도 같다. 그런류의 사람들은 언제나 기도에 많은 시간을 보내는 사람들인 것이다.

그러면, 그리스도의 이름으로 드리는 기도는 어떻게 그런 충만한 기쁨을 가져오는가? 부분적으로만 보면, 구하는 것을 우리가 얻기 때문이기도 하다. 그러나 그것만이 다가 아니다. 가장 큰 이유는 바로 기도가 우리로 하여금 살아 역사하시는 하나님을 알게 한다는 것이다. 확실히 살아계신 하나님께 우리가 무엇을 구하고 하나님께서 그것을 주셨을 때, 하나님의 살아계심이 우리에게 얼마나 크게 다가오겠는가! 하나님이 바로 거기에 계심을 느끼는 것이다. 단순히 머릿속으로만 하나님을 아는 것이 아니라 살아계신 하나님을 체험하는 것이야 말로 큰 축복인 것이다. 언젠가 한번은 내가 혼자서 공부하다가 갑자기 아파서 쓰러진 적이 있었다. 나는 즉시 무릎을 꿇고 하나님께 도와주시기를 부르짖었다. 그러자 그 즉시로 모든 고통이 사라지고 나는 다시 온전해 질 수 있었다. 마치 하나님께서 바로 내 곁에서 내게 손을 얹으시고 나를 만지신 것 같았다. 병이 나았다는 기쁨 보다는 하나님을 뵈었다는 기쁨이 더 컸었다. 이 땅에서든지 하늘에서든지 하나님과의 교제보다 더 큰 기쁨은 없다, 그리고 기도가 바로 우리를 그 교제의 기쁨으로 인도하는 것이다. 시편 기자는 앞으로의 복된 상태를 말하는 것뿐만 아니라, 현재의 복된 상태를 말하고 있기도 하다. "주의 앞에는 기쁨이 충만하고"(시 16:11). 오, 우리가 기도 가운데 진정으로 하나님의 임재를 강하게 느낀다면, 그 순간엔 말로 다 표현할 수 없는 기쁨이 있는 것이다.

"나는 기도 중에 느끼는 그런 기쁨을 전혀 알지 못합니다"라고 말하는 사람이 있는가? 그렇다면 실제로 하나님의 임재 속으로 들어갈 만큼 충분한 기도의 시간을 가지고 있는가? 정말로 당신 스스로를 기도에 온전히 드리고 있는가?

**8. 삶의 모든 걱정과 근심거리에 대하여 감사함으로 드리는 기도는 모든 근심으로부터 자유를 얻으며 우리의 이해를 초월하는 하나님의 평강을 얻도록 하나님께서 지정해 놓으신 방법이다.**

사도 바울은 말한다. "아무것도 염려하지 말고 오직 모든 일에 기도와 간구로 너희 구할 것을 감사함으로 하나님께 아뢰라. 그리하면 모든 지각에 뛰어난 하나님의 평강이 그리스도 예수 안에서 너희 마음과 생각을 지키시리라"(빌 4:6-7). 이러한 삶의 모습이 아름답게 보이기는 하나 실상은 보통 사람들이 도달하기에는 너무 어려운 경지처럼 보일수도 있다. 그러나 전혀 그렇지가 않다. 이 구절은 모든 하나님의 자녀들이 어떻게 하면 그러한 삶을 살 수 있는지를 말해준다. 즉 "아무것도 염려하지 말라"이다. 그리고 어떻게 아무것도 염려하지 않을 수 있게 되는 지도 말해주고 있다. 그것은 매우 간단하다. 즉 "오직 모든 일에 기도와 간구로 너희 구할 것을 감사함으로 하나님께 아뢰라"는 것이다. 이보다 더 분명하고 간단한 것이 있을까? 그저 계속해서 하나님과 접촉하라는 것이다. 크든 작든 어려움이나 걱정거리가 생기면 그것에 대해서 하나님께 말씀드리면 된다. 하나님께서 이미 행하신 일들에 대한 감사를 잊지 말고 말이다. 그러면 어떤 결과가 오게 되는가? "모든 지각에 뛰어난 하나님의 평강이 그리스도 예수 안에서 너희 마음과 생각을 지키시리라"는 결과가 오게 되는 것이다.

이것은 실로 놀라운 것이며 또한 그만큼 간단한 것이다. 감사하게도 많은 사람들이 그렇게 하고 있다. 혹시 주변에 언제나 평강가운데 있는 사람을 알고 있는가? 아마도 그 사람은 인생의 풍파가 많은 사람일 것이다. 어려움과 갈등과 반대와 슬픔이 그 사람을 둘러싸고 있을 것이다. 그러나 우리의 모든 이해를 초월하시는 하나님의 평강이 그리스도 예수 안에서 그의 마음과 생각을 지켜주시는 것이다.

우리 모두는 그런 사람들을 알고 있을 것이다. 그들은 어떻게 그렇게 할 수 있는가?

단지 기도를 통해서 이다. 그것이 전부다. 하나님의 깊은 평강을 아는 사람들은, 모든 인간의 이해를 초월하시는 그 측량할 수 없는 평강을 아는 사람들은 언제나 많은 기도를 드리는 사람들이다.

우리들 중에는 바쁘다는 이유로 기도를 하지 못하는 사람들이 많다. 그런데 끊임없는 걱정과 근심이 그들의 시간과 정력과 신경들을 얼마나 허비시키고 있는가! 하룻밤의 기도는 잠 못 이루는 많은 밤들로부터 우리를 구해줄 것이다. 기도로 보내는 시간은 결코 헛되이 버려지는 것이 아니다. 이것은 오히려 더 큰 이익을 위한 투자와도 같은 것이다.

만일 우리가 기도에 더욱 많은 시간을 들인다면, 성령의 능력이 우리의 일들에 더욱 넘쳐날 것이다. 한 때 성령의 확실한 능력으로 충만하여 큰일을 했었던 사람들이 지금은 의미 없는 몸짓으로 공허한 소리만 열심히 외치고 있다. 우리가 계속하여 성령의 능력 가운데서 일을 하고 싶다면 하나님 앞에 무릎 꿇는 데에 더 많은 시간을 드려야 할 것이다.

## 9. 기도는 우리 마음이 방탕함과 술 취함, 그리고 인생의 온갖 염려들로 가득차지 않도록 그리스도께서 정하여 놓으신 수단이다.

그리스도의 재림의 날이 덫과 같이 갑자기 우리에게 임할 것이기 때문이다.

성경에서 기도에 관한 가장 흥미롭고 엄숙한 구절들 가운데 하나는 바로 누가복음 21:34-36이다. "너희는 스스로 조심하라. 그렇지 않으면 방탕함과 술 취함과 생활의 염려로 마음이 둔하여지고 뜻밖에 그 날이 덫과 같이 너희에게 임하리라. 이 날은 온 지구상에 거하는 모든 사람에게 임하리라. 이러므로 너희는 장차 올 이 모든 일을 능히 피하고 인자 앞에 서도록 항상 기도하며 깨어 있으라." 이 구절로 볼 때 그 분이 나타나실 주의 재림의 날을 대비할 방법은 한 가지 밖에 없다. 즉 많은 기도를 통해서만 가능한 것이다.

　예수 그리스도의 재림은 오늘날 많은 관심과 논쟁을 불러일으키는 주제다. 그러나 주님의 재림에 관해 흥미를 가지고 논의 하는 일과 그 재림을 준비하는 일은 전혀 별개의 것이다. 끊임없이 주님의 재림을 준비하지 못하게 만드는 그러한 분위기 속에서 우리는 살고 있다. 세상은 그 세상이 주는 만족과 염려거리로 우리를 항상 끌어내리려 하고 있다. 그러한 것들에 대하여 우리가 승리 할 수 있는 방법은 오직 한 가지뿐이다. 즉 게으르지 말고 항상 깨어 기도하는 것이다. 깨어 있으라는 말도, 항상 이라는 단어도 에베소서 6:18에 동시에 등장하는 강한 표현들이다. 좀처럼 기도할 줄 모르는 사람, 인내하며 꾸준히 기도하지 않는 사람은 그가 다시 오시는 재림의 날을 전혀 대비하지 못할 것이다. 그러나 우리는 준비가 되어 있을 것이다. 어떻게? 기도! 기도! 기도!

**10. 기도함으로 이루어지는 결과들 때문이다.**

이에 대해서는 이미 많은 말들을 했다. 그러나 또한 아직도 덧붙여야 할 내용들이 많다.

**(1) 기도는 성경공부를 제외하고는, 그 어떤 것들보다도 우리의 영적 성장을 촉진시킨다. 그리고 참된 기도와 참된 성경공부는 항상 함께 진행되는 것이다.**

기도를 통해서 나의 죄, 나의 가장 깊은 곳에 감추어졌던 죄가 빛 가운데로 드러난다. 하나님 앞에서 무릎을 꿇고 "하나님이여 나를 살피사 내 마음을 아시며 나를 시험하사 내 뜻을 아옵소서 내게 무슨 악한 행위가 있나 보시고 나를 영원한 길로 인도하소서"(시 139:23-24)라고 기도할 때에 하나님께서는 내 마음속의 가장 은밀하고 깊숙한 곳까지 꿰뚫는 그의 빛을 비추신다. 그리고 내가 미처 알지도 생각지도 못했던 죄까지 밝히 드러나게 되는 것이다. 기도의 응답으로, 하나님께서는 나의 부패와 죄들을 말끔히 씻기신다(시 51:2). 그 기도의 응답으로, 내 눈이 열려 하나님 말씀의 기이한 것들을 보게 된다(시 119:18). 그 기도가 응답되어서, 하나님의 길을 아는 지혜를 얻게 되고(약 1:5), 그 말씀 안에서 걸어갈 힘을 얻게 된다. 내가 기도 중에 하나님을 만나고 그의 얼굴을 뵈올 때에, 그의 형상을 닮게 되고 영광에서 영광에 이르게 된다(고후 3:18). 매일의 참된 기도 속에서 영광의 주를 점점 더 닮아가는 나를 발견하게 되는 것이다.

존 낙스(John Knox)의 사위인 존 웰치(John Welch)는 우리가 보아온 가장 신실한 기도의 사람들 중 한 명이다. 그는 하루에 7시간 혹은 8시간 정도 기도와 성경공부에 홀로 하나님과 함께하는 시간을 보내지 않는다면, 그 날은 헛되이 보낸 날로 여겼다. 그가 죽은 후에 한 노인은 그에 대하여 말하기를, "그는 그리스도의 모형이었다"라고 하였다.

어떻게 그는 그처럼 주님을 닮을 수 있었는가?

그의 기도 생활이 이 비밀에 대해 설명해준다.

### (2) 기도는 우리의 일에 능력을 가져다 준다.

하나님께서 우리를 부르신 어떤 일이든지 간에 - 설교든, 가르치는 일이든, 사적인 일이든, 자녀를 양육하는 일이든 - 그 일에 능력 얻기를 원한다면, 그것은 오직 기도에 의해서만 얻어질 수 있다. 한 아들이 있는 어떤 여인이 한 번은 내게 찾아왔다. 그 여인은 전혀 가망이 없어 보이는 아들로 인해 절망 가운데 있었다. "제가 도대체 이 아이를 어떻게 하면 좋겠습니까?"라며 물었다.

나는 되물었다. "기도를 해 본 적이 있으십니까?"

그녀 생각에는 그녀가 아들을 위해 기도했다고 생각하고 있다고 했다. 나는 다시, 그 아들의 회심과 성격의 문제를 놓고 응답을 확신하는 분명한 기도를 했느냐고 물었다. 그녀는 그 문제를 놓고 그렇게 분명하게 기도하지는 않았다고 대답했다. 그 날 바로 그녀는 내가 시키는 대로 기도를 시작했고, 그 아들에게는 즉시 눈에 띠는 변화가 일어났다. 그리고 그 아이는 참된 그리스도인으로 성장하게 되었다.

많은 주일학교 교사들이 수년간을 가르쳐도 아무런 열매도 보지 못하는 경우가 얼마나 많은가? 그런데 나중에 그들이 진정한 간구와 기도의 비밀을 배우게 되고, 그의 학생들은 한 명씩, 한 명씩 그리스도에게로 인도되어 진다. 가련한 교사들이 자신의 능력과 재능을 의지하던 자세를 버리고 자기 자신을 하나님께 온전히 드려 위로부터 능력이 임하기를 간구하며 기다림으로 강력한 하나님의 사람이 되는 경우가 얼마나 많은가! 존 리빙스턴(John Livingstone)은 그와 마음을 같이 하는 몇몇 사람들과 밤을 세워가며 하나님께 기도했다. 그 다음날 그가 교회에서 설교했을 때 오백 명의 사람들이 회심하거나 그들의 영적인 삶에 분명한 변화가 일어났다. 기도와 능력은 서로 떼려야 뗄 수 없는 것이다.

### (3) 기도는 다른 사람을 회심케 한다.

이 세상에서 다른 누군가의 기도 없이 회심하게 되는 경우는 거의 없다. 전에는 나도 나의 회심은 다른 사람과는 아무런 관계가 없다고 생각했었다. 왜냐하면 나는 교회나 주일학교 또는 다른 누군가와의 대화를 통하여 회심하지는 않았기 때문이다. 한 밤중에 갑자기 깨어지고 회심하였던 것이다. 나는 그 날 잠자리에 들 때 내가 회심하게 되리라고는 눈곱만큼도 생각지 못했었다. 그런데 그 날 밤 한 밤중에 갑자기 깨어나 아마도 5분 안에 회심하였던 것 같다. 불과 몇 분 전만 해도 나는 거의 영원한 멸망의 자리에 있었다. 멸망의 끝자락에 한 발을 딛고서는 다른 발로 거기를 빠져 나오려고 애쓰고 있었던 것이다. 나는 어느 누구도 나의 회심과는 아무런 상관이 없다고 생각하고 있었으나 어머니의 기도를 잊고 있었던 것이다. 그리고 나의 대학시절의 친구가 자기의 기도 대상자로 나를 선택했던 것이다. 그리고 내가 구원 받을 때 까지 기도해 왔었던 것이다.

다른 모든 방법들이 실패 했을 그 때에 기도는 힘을 발휘한다. 아들을 위한 모니카의 온갖 노력과 간구에도 불구하고 얼마나 철저히 실패하였는가! 그러나 그녀의 기도는 하나님께 상달되어 그 난봉꾼이던 아들은 위대한 하나님의 사람인 성 어거스틴이 되었던 것이다. 기도에 의해서 복음의 원수들이 가장 용감한 복음의 파수꾼들이 되었고, 악하기 이를 데 없는 자들이 가장 신실한 하나님의 아들들이 되었으며, 가장 수치스러운 여인들이 가장 순결한 성자들이 되었다. 오! 전혀 가망이 없는 그 곳에 기도의 능력이 임하고 임하며 또 임하여 모든 사람들을 하나님의 형상을 닮아 그와 교제 하게끔 만드는 것이다. 말 그대로 정말 놀라울 뿐이다! 우리는 이 놀라운 무기에 대하여 얼마나 감사할 줄 모르며 살아왔던가!

**(4) 기도는 교회에 축복을 가져다준다.**

교회의 역사에는 언제나 극복하기 힘든 큰 어려움들이 있어왔다. 마귀는 교회를 혐오하며 교회가 전진하지 못하도록 모든 방법을 다 동원하여 막는다. 잘못된 교리를 이용하고, 분열시키고, 계속하여 인생의 내적 부패를 이용하여서 말이다. 그러나 기도에 의해서 이 모든 것들을 깨끗이 해결하는 길이 생긴다. 기도가 이단을 뿌리 뽑고, 오해들을 풀어주며, 질투와 증오를 쓸어 내버리며, 부도덕을 사라지게 하여 하나님의 부흥의 은혜의 충만한 물결을 불러일으킬 것이다. 역사가 이것을 충분히 입증하고 있다. 온 세상이 캄캄하여 교회마저도 전혀 소망이 없어 보이는 때에라도 믿는 사람들이 함께 모여 하나님께 부르짖을 때에 응답이 임했던 것이다.

낙스의 시대에도 그러했고, 웨슬리와 휫필드의 시대에도 역시 그러했다. 에드워즈와 브레이너드의 시대에도 그러했고, 피니의 시대에도 그러했던 것이다. 1857년 미국의 위대한 부흥과 1859년 아일랜드의 대각성운동 때에도 똑 같이 그러했었다. 그리고 그것은 여러분과 나의 시대에도 그러할 것이다. 사탄은 그의 세력들을 계속 조직하여왔다. 거짓 그리스도가 소위 말하는 과학적인 기독교라는 미명하에 머리를 높이 치켜들고 있다. 위대한 사도들의 방법과 같은 방법인 것처럼 꾸며 자신들의 거짓과 위선을 가리고서는 잘못된 확신을 크게 부르짖는 사람들이 있는 것이다. 그 위대한 복음의 근본 진리에 충성하는 그리스도인들마저도 마귀가 가져다주는 의심에 빠져 서로 으르렁 거리는 경우가 있는 것이다. 이 세상과 육체와 마귀가 함께 흥겨운 축제를 벌이고 있는 것이다. 지금은 어두운 시대이다. 그러나 지금은 "여호와의 일하실 때니이다"(시 119:126). 그리고 그 분은 지금 일할 준비를 하고 계시며, 이제 그 분은 기도의 음성을 듣고 계신다. 그 분이 그 기도를 들으시겠는가? 과연 그 분이 여러분의 기도를 들으시겠는가? 자신의 몸 된 교회의 기도 소리를 들으시겠는가? 나는 믿는다. 그분이 반드시 들으실 것을.

# 2
# 하나님께 기도함
-Praying to God-

우리는 아무도 저항 할 수 없는 기도의 능력과 그 막대한 중요성에 대해 살펴보았다. 그렇다면 우리는 이러한 질문에 직면하게 된다. 능력 있는 기도는 어떻게 하는 것인가?

## 1. 사도행전 12장에서 우리는 하나님께서 응답하셔서 큰 결과를 가져온 기도에 대한 한 기록을 접하게 된다.

12:5에 바로 이 기도의 자세와 방법이 짧게 묘사되어 있다.

"교회는 그를 위하여 간절히 **하나님**께 빌더라."

이 구절에서 가장 먼저 주목할 것은 **하나님**께 라는 짧은 표현이다. 능력 있는 기도란 곧 하나님께 드려지는 기도인 것이다. 그러나 어떤 이들은 이렇게 말할 것이다. "모든 기도는 다 하나님께 드려지는 것 아닌가요?"

그렇지 않다. 소위 기도라고 불리는 많은 것들이 공적이건 사적이건 간에 하나님께 드려지지 않고 있는 것이다. 기도가 진정으로 하나님께 드려지기 위해서는 거기에는 분명하고 의식적인 나아감이 있어야 한다. 우리에게는 하나님께서 우리를 굽어보시고 우리의 기도를 듣고 계신다는 분명하고 생생한 의식이 있어야 한다. 그런데 우리의 많은 기도들이 이러한 의식이 거의 없는 것이다. 우리 마음이 우리가 필요한 것들로 가득 차 있어서 그것을 구하고 있으면서도 전능하시고 사랑이 풍성하신 아버지에 대한 생각을 할 여유는 없는 것이다. 심지어는 우리가 필요한 것에도 관심이 없고 기도를 들으시는 하나님께도 전혀 마음이 없는 경우마저도 있는 것이다. 기도를 한다고 하면서도 단지 우리의 마음은 세상 여기저기를 헤매며 다니고 있는 것이다. 그런 종류의 기도에는 능력이 없다. 그러나 우리가 하나님의 임재 속으로 나아가 진정으로 하나님과 얼굴과 얼굴을 맞대고 만나서 그 분을 위하여 우리가 열망하는 것들을 구할 때, 바로 거기에 능력이 임하는 것이다.

우리가 올바른 기도를 드리고자 한다면, 가장 먼저 우리가 진정으로 하나님을 뵙고 있는지, 그 분의 그 임재 속으로 들어가 있는지를 알아야 한다. 간구를 드리기 이전에, 하나님께 아뢰고 있다는 분명하고 생생한 의식이 우리에게 있어야 한다. 그리고 그 분이 우리의 간구를 들으사 구하는 그것을 곧 주실 것이라는 믿음을 가져야 하는 것이다. 이것은 오직 성령의 능력으로만 가능하다. 그래서 우리는 성령께서 우리를 하나님의 임재 속으로 이끌어 주시기를 진정으로 바라야 한다. 그리고 그 분이 우리를 그 곳으로 실제 이끌어 주실 때 까지는 성급하게 굴지 말아야 할 것이다.

어느 날 밤에 아주 활동적인 한 기독교인 남성이 내가 인도하던 작은 기도 모임에 들어왔다. 무릎 꿇어 기도하기 전에 나는 모인 사람들에게 앞에서 말한 그런 얘기들을 했다. 즉 기도하기 전에 우리는 하나님의 임재 속으로 나아가는 것을 분명히 해야 한다는 것이다. 그리고 기도 중에 간구의 내용보다 하나님 그 분을 마음에 모시고 그 분을 바라보고 그 분을 생각해야 한다는 사실도 설명해 주었다. 며칠 후 그 신사를 다시 만났는데, 그는 그날 밤 내가 말해준 이 단순한 생각이 자기에게는 난생 처음 들어보는 새로운 것이라고 말했다. 그리고 그것이 자신의 기도를 완전히 새로운 경험으로 만들어 주었다고 했다.

우리가 올바른 기도를 하기 원한다면, **하나님**께라는 이 단어를 마음속 깊이 담아 두어야 한다.

**2. 효과적인 기도의 두 번째 비밀은 같은 구절에 나타나 있는 *쉬지 않고* 라는 낱말 속에서 발견할 수 있다.**

영어 개혁 표준판(R.V.S.)에는 "*쉬지 않고*"를 "*간절하게*"라고 번역하고 있다. 이 두 가지 모두 헬라어의 원뜻을 충분히 전달하지 못하고 있는데. 이 단어는 문자적으로는 "*완전히 쭉 펴서*"(stretched-out-ed-ly)라는 뜻이다. 이것은 마치 한 폭의 그림 같은 단어로써 아주 멋진 표현이다. 이것은 그 간절함과 강한 소원을 완전히 펼치고 있는 영혼을 표현하는 것이다. 아마도 "*간절하게*" 말고는 이 의미를 표현할 적절한 단어를 찾아보기 힘들 것 이다. 이 같은 표현은 누가복음 22:44에서도 우리 주님에 대해 사용되고 있다. "예수께서 힘쓰고 애써 더욱 간절히 기도하시니 땀이 땅에 떨어지는 피 방울같이 되더라."

히브리서 5:7에서도 보면, 그리스도께서 "육체에 계실 때에 자기를 죽음에서 능히 구원하실 이에게 심한 통곡과 눈물로 간구와 소원을 올렸다"고 했다. 로마서 15:30에서 바울은 로마에 있는 성도들에게 나와 힘을 같이하여 기도에 *힘쓰라*고 하였다. 이 *힘쓴다*는 단어는 주로 운동경기나 싸움에서 이기기를 다투는 것을 의미한다. 다시 말해서, 하나님께서 들어주시는 기도는 우리의 영혼을 쏟아 붓는 기도이다. 그리고 우리의 간절하고 진실 된 소원을 하나님을 향하여 완전히 뻗어서 드리는 기도인 것이다. 오늘날 대부분의 우리 기도에 능력이 없는 것은, 그 안에 마음이 담겨져 있지 않기 때문이다. 그저 하나님의 임재 속으로 돌진해 들어가서, 간구들만 줄줄이 늘어놓고 휙 하고 빠져 나오는 것이다. 심지어는 한 시간 후에 자신이 무엇을 기도했는지 물어보면 대답을 못하는 경우까지 있는 것이다. 우리의 기도에 마음을 거의 쏟지 않는다면, 하나님께서 우리의 기도에 응답해 주시리라고 기대하기는 힘들 것이다.

우리는 소위 신앙의 평안의 경지에 이르렀다는 사람들을 보게 된다. 그러나 거기에는 기도에 있어서 신앙의 싸움은 고사하고 노력마저도 없는 것을 보게 된다. 어떤 사람들은 자신이 꽤나 높은 신앙 수준에 이르러 기도하는 데에 있어서 어떤 갈등이나 고뇌도 없다고 한다. 그 사람들은 분명 주님을 능가하는 사람들이며 기도와 노력에 있어서 교회 역사상 나타났던 위대한 그 어떤 하나님의 종들보다도 훨씬 수준 높은 사람들임이 틀림없다. 영혼을 쥐어짜는 강렬한 소원을 가지고 하나님께 나아가는 것을 배우게 될 때, 우리는 지금껏 알지 못했던 기도의 능력을 알게 될 것이다.

그러면 어떻게 이런 기도의 간절함을 얻을 수 있는가?

우리 스스로 노력한다고 해서 될 일이 아니다. 참된 방법은 로마서 8:26에 설명되어 있다. "이와 같이 성령도 우리 연약함을 도우시나니 우리가 마땅히 빌 바를 알지 못하나 오직 성령이 말할 수 없는 탄식으로 우리를 위하여 친히 간구하시느니라." 육의 힘으로 간절함을 자아낸다면 그것은 역겨운 것이 되고 만다. 그러나 우리 안에서 성령에 의해 만들어진 간절함은 하나님을 기쁘시게 하는 것이다. 다시 한 번 말하지만, 올바로 기도하기를 원한다면, 하나님의 영이 기도하는 법을 우리에게 가르쳐 주시기를 바라야 하는 것이다.

이와 관련하여 금식의 문제가 제기된다. 다니엘서 9:3을 보면, "금식하며 베옷을 입고 재를 무릅쓰고 주 하나님께 기도하며 간구하기"를 결심하였다. 금식은 구약시대에나 해당되는 것으로 생각하는 사람들이 있다. 그러나 사도행전 14:23과 13:2-3을 보면 사도시대에 신실한 사람들에 의해서도 금식이 행해졌던 것을 발견하게 된다. 만일 능력 있는 기도를 원한다면, 금식하며 기도해야 한다. 이것은 물론 모든 기도를 금식으로 해야 함을 의미하는 것은 아니다. 그러나 우리의 일이나 인생에 있어서 긴급하거나 특별한 위기의 상황에 처했을 경우, 인간의 가장 기본적인 욕구인 식욕까지도 내어버릴 만큼 간절함으로 기도에 자신을 드리는 것이다. 이와 같은 기도에는 특별한 능력이 있다. 인생과 일에 있어서 큰 위기들이 해결되어지는 것이다. 순전히 바리새적이며 율법적인 방법으로 행해지는 것들로는 하나님을 전혀 기쁘시게 할 수 없다. 그러나 우리들에게 절실한 것들을 얻기 위해서 간절함과 결단을 가지고 쏟아 붓는 기도는 곧 큰 능력의 비밀인 것이다. 이러한 간절함은 곧 모든 것들을 멀리하게 한다. 우리들에게 가장 필요한 것들까지도. 그리고 우리의 얼굴을 하나님께로 향하여 그 분으로부터 오는 축복들을 얻게 되는 것이다.

### 3. 바른 기도의 세 번째 비밀 역시 같은 구절인 사도행전 12:5에서 찾을 수 있다.

그것은 "교회는"이라는 말 속에 나타난다.

같은 마음으로 연합하여 드리는 기도에 능력이 있는 것이다. 물론 개인이 하는 기도에도 능력이 있다. 그러나 여럿이 연합하여 드리는 기도에는 능력이 배가되는 것이다. 하나님께서는 당신의 백성들의 연합을 기뻐하시고, 여러 가지 면에서 그것을 강조하신다. 그래서 연합하여 드리는 기도위에 특별한 축복을 선언하신다. 마태복음 18:19에 보면, "진실로 다시 너희에게 이르노니 너희 중에 두 사람이 땅에서 합심하여 무엇이든지 구하면 하늘에 계신 내 아버지께서 저희를 위하여 이루게 하시리라"라고 말씀하고 계신다. 그러나 이 연합은 진정한 연합이어야 한다. 이 본문은 단지 두 사람이 기도하기로 한 것에 동의 한 것만을 말하는 것이 아니다. 두 사람이 같은 사안을 놓고 기도하기로 한 것에 동의 했음에도 뜻이 연합되지 않을 수도 있는 것이다. 한 사람은 진정으로 그것을 원하기 때문에 구할지라도 다른 한 사람은 단지 친구를 기쁘게 해주기 위해 그것을 구할 수도 있는 것이다. 진정한 일치가 이루어질 때, 성령께서 두 신자들에게 완벽한 조화를 이루어 주셔서 한 마음으로 하나님께 간구하게 하실 때, 성령께서 두 사람이 같은 짐을 같은 심정으로 지고 가게 하실 때, 바로 그 때에 저항할 수 없는 기도의 능력이 임하는 것이다.

# 3

# 순종과 기도
-Obeying and Praying -

## 1. 성경에서 기도에 관한 가장 의미심장한 구절중 하나는 요한복음 3:22이다.

요한은 말하기를, "무엇이든지 구하는 바를 그에게 받나니 이는 우리가 그의 계명들을 지키고 그 앞에서 기뻐하시는 것을 행함이라."

이 얼마나 놀라운 말씀인가! 요한은 자기가 구한 것을 모두 다 받았다고 말하고 있다. 우리 중에 몇 명이나 "무엇이든지 구하는 것을 내가 그에게 받나니"라고 말할 수 있겠는가? 요한은 왜 그것이 가능한지를 설명하고 있다. "이는 우리가 그의 계명들을 지키고 그 앞에서 기뻐하시는 것을 행함이라." 즉 다시 말해서, 자신이 원하는 것을 하나님께서 이루어주시기를 바라는 사람은 자기편에서도 하나님께서 원하시는 것을 무엇이든지 다 실행해야 한다는 것이다. 하나님께서 우리에게 내리신 명령을 귀담아 들으면, 그 분께서도 역시 그 분에게 드리는 우리의 간구에 귀 기울이시는 것이다. 반면에 그 분의 계명을 건성으로 듣는다면, 그 분 역시 우리의 기도를 건성으로 들으실 것이다. 여기에서 우리는 많은 기도들이 왜 응답받지 못하는지를 발견하게 된다. 우리가 하나님의 말씀을 청종하지 않는 것이고, 따라서 하나님께서도 우리의 간구를 듣지 않으시는 것이다.

언젠가 한 번은, 한 때 신실한 그리스도인이었다가 신앙을 완전히 저버린 한 여자와 대화를 나눈 적이 있다. 나는 왜 신앙을 저버렸느냐고 물었다. 그러자 그녀는 성경을 믿지 않기 때문이라고 했다. 나는 그녀에게 왜 성경을 믿지 않느냐고 물었다.

"성경의 약속대로 시도해 보았는데 그것들이 진실이 아니라는 것을 알게 되었어요."

"어떤 약속들이지요?"

"기도에 대한 약속들이지요."

"기도에 대한 어떤 약속들 말인가요?"

"'무엇이든지 믿고 구하면 얻으리라'고 성경이 말하고 있지 않나요?"

"그것과 거의 비슷한 어떤 것을 말하고 있기는 하지요." "글쎄요, 나는 받을 수 있다고 잔뜩 기대를 하고 있었는데 받지 못했어요, 그러니 그 약속은 잘못된 것이지요." "그 약속이 당신에게 주어진 약속이었나요?" "그럼

요, 그 약속은 모든 그리스도인들에게 주어진 것이니까요, 제 말이 틀렸나요?"

"아니오, 하나님은 어떤 사람이 응답받는 기도에 해당하는 사람인지 분명히 밝히셨습니다."

나는 요한일서 3:22을 그녀에게 펴서 보여주며, 하나님의 능력이 임하는 기도가 어떤 기도인지를 읽게 하였다.

그리고 나는 이렇게 물었다, "자, 그럼 당신은 하나님의 명령들을 지키고 있었나요? 그 분 보시기에 기뻐할 만한 일들을 하셨어요?"

그녀는 솔직히 그렇지 못했다고 고백했다. 그리고 얼마 되지 않아서 그녀의 진짜 문제는 하나님의 약속에 있었던 것이 아니라 그녀 자신에게 있었다는 것을 알게 되었다. 오늘날 응답받지 못하는 많은 기도의 문제점이 바로 이것이다. 기도하는 사람이 순종하지 않는 것이다.

능력 있는 기도를 원한다면, 우리 모두는 그 분의 말씀을 열심히 공부하여 우리에 대한 그 분의 뜻이 무엇인지 찾아야 한다. 그리고 그것을 발견한 후엔 그것을 행해야만 하는 것이다. 우리의 불순종한 행동 한 가지가 곧 하나님의 귀를 닫아 버리게 만드는 것이다.

**2. 그러나 이 구절은 단순히 하나님의 명령을 지키는 것, 그 이상을 말하고 있다. 요한은 우리가 *그 앞에서 기뻐하시는 것을 행함*을 말하고 있는 것이다.**

하나님께서 특별히 명하시지는 않았지만 그래도 하나님에게는 기쁨이 되는 많은 일들이 있을 수 있다. 진정한 자녀라면 단순히 아버지가 특별히 하라고 명하신 것을 행한 것으로만 만족하지는 않을 것이다. 그리고 바른 자녀라면 아버지의 뜻이 무엇인지, 어떤 것들이 아버지를 기쁘시게 할 수 있는 지를 생각할 것이다. 그리고 아버지가 구체적으로 그것들을 하라고 지시하신 적은 없지만 기쁜 마음으로 기꺼이 그것들을 행할 것이다. 하나님의 참된 자녀도 이와 같다. 단순히 어떤 일을 하나님께서 명하셨는지, 금하셨는지를 묻는 것에서 그치지 않는다. 모든 일에 있어서 아버지의 뜻을 알려고 애쓰는 것이다.

오늘날 많은 그리스도인들은 하나님을 기쁘시게 하는 일들을 행하지 않는다. 하나님을 기쁘시게 하는 일들에 소홀한 채 살고 있는 것이다. 그들에게 이런 것들에 대하여 말하면, 그들은 당장 이렇게 반박할 것이다. "성경에 이런 일을 하지 말라는 명령이 어디에 있죠?" 그리고 그런 일들을 금지한 분명한 구절을 보여주지 못하면, 자기들로서는 그런 일들을 한 것에 대한 책임이 전혀 없다고 여기는 것이다. 그러나 진정한 하나님의 자녀라면 그러한 구체적인 명령을 요구하지 않는다. 우리가 기꺼이 하나님을 기쁘시게 하는 일들을 찾아 행한다면, 그 분께서도 우리에게 기쁨이 되는 일들을 찾으셔서 그렇게 행해주시는 것이다. 여기에서도 수많은 기도들이 왜 응답받지 못하는지에 대한 설명을 다시 한 번 발견하게 된다. 아버지를 기쁘시게 하는 삶이 무엇인지 알려고 하는 노력이 없는 것이고, 따라서 우리의 기도들은 응답받지 못하는 것이다.

유흥업소에 가는 것과 담배를 피우는 것에 대한 문제들을 놓고 끊임없이 질문들을 던진다. 유흥업소에 출입을 하고 담배를 피우는 사람들은 의기양양하게 묻곤 한다. "성경에 댄스클럽에 가지 말라는 말이 어디 있느냐?", "성경에 담배를 피우지 말라는 말이 어디 있느냐?" 그러나 이러한 질문들은 사실 앞서 설명한 하나님의 자녀로서의 자세가 아니다. 진정한 하나님의 자녀라면 이렇게 물어야 한다. "당신의 자녀가 댄스클럽에 앉아 있는 것을 하늘 아버지께서 보실 때, 담배를 피우고 있는 것을 보실 때 즐거워하시겠는가?" 이것은 각자가 판단하여 결정해야 할 문제인 것이다. 충분만 기도와 성령께서 주시는 빛 가운데에서 말이다. 게다가 이 같은 일반적인 질문에 대하여 일일이 답하는 것이 지금 우리가 알아보고 있는 주제의 목적은 아니다. 하지만 분명한 것은 그러한 것들에는 크나큰 해악이 있다는 것이다. 그것들이 기도의 능력을 빼앗아가는 것만은 분명하다.

### 3. 시편 145:18은 어떻게 기도하느냐에 대한 질문에 큰 빛을 던져준다.

"여호와께서 자기에게 간구하는 모든 자, 곧 진실하게 간구하는 모든 자에게 가까이 하시는도다."

여기에 *진실하게*라는 이 작은 표현은 살펴볼 만한 가치가 있다. 성구 사전을 가지고 성경 전체적으로 이 뜻을 살펴보면 이 뜻은 "진짜로", "성실하게"라는 표현임을 보게 될 것이다. 하나님께서 응답하시는 기도는 진짜로 드리는 기도이며, 바라는 것을 성실하게 구하는 그런 기도이다.

많은 기도들이 진실하지 못한 것이 사실이다. 사람들은 자기들이 그다지 원하지도 않는 것을 구하기도 한다. 남편의 회심을 구하는 많은 여자들이 실상은 남편의 회심을 진정으로 바라지 않는 경우도 있다. 그녀들은 자기들 딴에는 바라고 있다고 생각할지 몰라도 남편의 회심이 과연 어떤 것들을 내포하고 있는지를 알게 된다면 마음이 바뀔 것이다. 사업에 임하는 태도가 달라질 것이고, 수입이 점차 줄어들 것이며, 생활의 모든 면이 완전히 바뀌게 될 것이다. 그러니 만일 그녀가 진실 된 신자라면 그녀의 마음속의 진짜 기도는 이런 기도일 것이다.

"오 하나님, 내 남편을 회심시키지 말아주세요."

그렇게 많은 대가를 치러야 하는데도 남편의 회심을 과연 원할지 모르겠다.

부흥을 위해 기도하는 그 많은 교회들도 실상은 부흥을 원하지 않는다. 그들은 부흥을 원하고 있다고 생각할 것이다. 왜냐하면 그들 마음속에 있는 부흥이란 교인 숫자가 늘어나는 것, 교회 수입이 증가하는 것, 교회들 가운데 명성을 얻는 것을 의미하기 때문이다. 그러나 부흥의 진짜 의미를 알게 된다면, 그렇게 열렬히 부흥을 원하지 않게 될 것이다. 부흥은 형식적이던 신자의 심령이 각성하게 되는 것이며, 개인과 가정과 사회생활에 근본적인 변화를 가져오는 것이며, 실제로 하나님의 성령이 능력으로 물 붓듯 부어질 때 다른 모든 일들에 있어서 급진적인 변화가 일어나는 것이다. 이런 사실들을 안다면, 교회의 진짜 부르짖음은 이렇게 될 것이다, "오 하나님 부흥으로부터 우리들을 지켜주소서."

그러나 우리가 어떤 대가를 치르더라도 친구의 회심을 진정으로 원하게 될 때, 어떤 일들이 일어나더라도 성령의 부으심을 간절히 바라게 될 때, 하나님은 그 간구를 들으실 것이다.

# 4

# 그리스도의 이름으로
# 하나님의 뜻을 따라 드리는 기도

**-Praying in the Name of Christ
and According to the Will of God-**

## 1. 예수님께서 못 박히시기 전 날 밤에 제자들에게 놀라운 말씀을 하셨다.

"너희가 내 이름으로 무엇을 구하든지 내가 시행하리니 이는 아버지로 하여금 아들을 인하여 영광을 얻으시게 하려 함이라 내 이름으로 무엇이든지 내게 구하면 내가 시행하리라"(요 14:13-14).

그리스도의 이름으로 드리는 기도에는 하나님의 능력이 있다. 하나님께서는 당신의 아들 예수 그리스도를 아주 기뻐 여기신다. 언제나 그에게 귀 기울이시고, 또한 진정으로 그의 이름으로 드려지는 기도를 항상 들으시는 것이다. 그리스도의 이름에는 아름다운 향기가 있다. 따라서 그 이름으로 드려지는 기도에도 역시 하나님께서 받으실 만한 향기가 풍겨나는 것이다.

그러면 그리스도의 이름으로 기도한다는 것은 무엇인가?

많은 설명들이 시도되어져 왔지만 보통 사람들은 이해하기 힘든 것들이다. 그렇다고 해서 이 표현에 신비스럽거나 비밀스러운 그 어떤 것이 있는 것은 결코 아니다. 성경 전체를 통해서 "나의 이름으로" 혹은 "그의 이름으로"라는 표현이나 그와 비슷한 표현들을 조사해 보면, 그것들은 늘 우리의 일상 가운데서 사용하는 뜻이라는 것을 발견하게 된다. 은행에 가서 내 서명으로 된 수표를 제시한다면, 그것은 곧 *내 자신의 이름으로* 그 은행에다 돈을 요구하는 것이 된다. 그 은행에 돈이 저축되어 있다면, 그 수표는 현금으로 지급될 것이다. 그렇지 않다면 현금은 지급되지 않는다. 하지만 다른 사람의 이름으로 서명된 수표를 제시하여, 그 사람의 이름으로 돈을 요구할 경우에, 그 은행에 내 돈이 저축되어 있는지 없는지는 전혀 문제가 되지 않는다. 왜냐하면 그 사람의 이름으로 돈이 저축되어 있다면 현금은 지급될 것이기 때문이다.

예를 들어 내가 시카고 제일은행(First National Bank of Chicago)에 가서 내 이름으로 된 50달러짜리 수표를 낸다면, 은행 직원이 이렇게 말할 것이다.

"토레이씨 죄송합니다만, 우리 은행에는 선생님의 예금이 없어서 현금 지급이 불가능합니다."

하지만 만일 그 은행에 많은 예금을 가지고 있는 누군가가 자신의 이름을 서명하여 나에게 지급되도록 한 수표를 제시한다면, 직원은 내가 그 은행에 예금이 있는지 없는지 조차도 묻지 않고 즉시 현금을 지급하여 줄 것이다.

내가 하나님께 기도하러 갈 때 그것은 마치 천국은행에 가는 것과도 같은 것이다. 나는 거기에 전혀 예금이 없다. 신용도 전혀 없다. 만일 내 이름으로 간다면 나는 아무것도 얻지 못할 것이다. 그러나 예수 그리스도는 그 천국은행에 무한대의 신용을 가지고 계신다. 그런데 그 분이 자신의 이름으로 된 수표와 함께 내가 그 천국은행에 갈 수 있는 특권을 주신 것이다. 그리고 내가 거기에 가기만 하면 나의 어떠한 기도도 응답해 주시는 것이다.

따라서 예수 그리스도의 이름으로 기도한다는 것은 내 신용이 아닌, 그 분의 신용을 근거로 기도하는 것이다. 나의 요구를 포기하고 그리스도의 요구를 근거로 하나님께 나아가는 것이다. 그리스도의 이름으로 기도한다는 것은 단순히 내 자신의 기도에다가 "이 모든 것들을 그리스도의 이름으로 기도합니다"라는 문구를 추가하는 것이 아니다. 내 기도에 그 문구를 추가하고 나서 여전히 내 자신의 업적을 내세워 구할 수도 있는 것이다. 반대로, 오히려 그 문구를 생략한다해도 실제로는 언제나 그리스도의 업적을 내세워 구할 수도 있는 것이다. 내가 진실로 나의 공로가 아닌 그리스도의 공로에 의지하여, 나의 선함이 아닌 그 속죄 피에 의지하여 하나님께 나아갈 때(히

10:19) 하나님께서는 나의 기도를 들으실 것이다. 오늘날 그처럼 많은 기도가 헛된 것이 되어버리는 이유는 그들이 마치 하나님께 요구 할 권리가 있고 하나님께서는 그들에게 응답하실 의무가 있다는 생각으로 하나님께 나아가기 때문이다.

수년 전, 무디 선생의 사역 초기에 그는 일리노이주의 한 마을을 방문했다. 그 마을에는 무신론자인 한 판사가 있었다. 그 판사의 부인은 자신의 남편을 좀 만나줄 것을 무디 선생에게 간곡히 부탁했다. 그러나 무디는 이렇게 대답했다.

"저는 당신의 남편과 대화를 나눌 수 없습니다. 저는 그저 못 배운 젊은 그리스도인일 뿐이고, 당신의 남편은 아주 잘 배우고 유식한 불신자이니까요."

하지만 그 부인은 물러서지 않았고, 무디는 그 부탁을 받아들였다.

시카고에서 온 젊은 상인 출신인 무디가 박식한 판사와 대화를 나누기 위해 사무실로 들어서자 사무원들은 킥킥거리며 웃었다.

판사와의 대화는 짧았다. 무디는 이렇게 말했다.

"판사님 저는 당신과 대화를 나눌 수가 없습니다. 당신은 잘 배운 사람이고 저는 배운 것이 전혀 없는 사람이거든요. 그러나 단지 제가 원하는 건 만일 당신이 언젠가 회심을 하게 되거든 저에게 좀 알려주셨으면 합니다."

그 판사는 대답했다. "그러지요, 젊은 친구, 만일 내가 회심하게 되면 그 때 당신에게 알려주겠소. 예, 꼭 알려드리지요."

대화는 그렇게 끝이 났고, 그 열성적인 젊은 그리스도인이 사무실을 떠날 때 사무직원들은 여전히 큰소리로 웃고 있었다. 그 후 일 년이 채 못 되어 그 판사는 회심하였다. 무디가 그 마을을 다시 방문하여 그 판사에게 어떻게 해서 회심하게 되었는지를 설명해달라고 하였다. 그 판사는 다음과 같이 말했다.

"어느 날 밤 아내가 기도모임에 가고 난 후, 나는 매우 불편하고 참혹한 마음이 들기 시작했어요. 무엇이 문제인지도 모른 채 말입니다. 아내가 집으로 돌아오기 전에 마침내 잠자리에 들었습니다. 그런데 그 날 밤 한 숨도 제대로 자지 못 했습니다. 아침 일찍 일어나 아내에게 아침을 거르겠다고 말한 후 사무실로 내려갔습니다. 직원들에게 하루 쉬라고 말한 후 내 방으로 들어가 문을 걸어 잠 갔어요. 점점 암담한 생각이 들었습니다. 결국 무릎을 꿇고 하나님께 죄를 용서하여 주시기를 구했습니다. 하지만 예수님의 이름으로 구하지를 못했습니다. 왜냐하면 저는 유니테리언 교도이고 그리스도의 속죄를 믿지 않았으니까요. 저는 기도를 계속했습니다. '하나님 저의 죄를 용서해 주세요.' 그러나 응답은 없었습니다. 마침내 절망 가운데 부르짖었습니다. '오 하나님, 그리스도의 이름으로 저의 죄를 용서하여주옵소서' 라고 말입니다. 그리고 즉시 평화가 찾아왔습니다.

그 판사는 그리스도의 이름으로 기도하기 전까지는 전혀 하나님께 나아갈 수 없었다. 그러나 예수님의 이름으로 나아가자 하나님께서는 즉시 들으시고 응답해 주신 것이다.

## 2. "어떻게 기도할 것인가"라는 주제에 대하여 요한일서 5:14-15은 큰 빛을 던져준다.

"그를 향하여 우리의 가진 바 담대한 것이 이것이니 그의 뜻대로 무엇을 구하면 들으심이라 우리가 무엇이든지 구하는 바를 들으시는 줄을 안즉 우리가 그에게 구한 그것을 얻은 줄을 또한 아느니라."

이 구절은 우리가 올바로 기도하고자 한다면, 하나님의 뜻에 따라 기도해야만 한다는 것을 가르쳐주고 있다. 그렇게 하면, 뜻밖에도 우리가 그 분께 구한 그것을 반드시 받게 될 것이다.

그러면 우리가 과연 하나님의 뜻을 알 수 있는가? 우리의 기도가 구체적으로 그 분의 뜻에 따른 기도인지 알 수 있는가?

확실히 알 수 있다.

어떻게?

### (1) 첫째로, 말씀을 통해서 이다.

하나님은 그의 뜻을 그의 말씀 속에 계시하셨다. 어떤 것이 하나님의 말씀 속에 분명히 약속되어 있을 때, 우리는 그것을 주시겠다는 하나님의 약속임을 알게 된다. 우리가 기도할 때에 하나님 말씀의 분명한 약속을 발견하고 그것을 하나님 앞에 내려놓으면 그 분은 들어 응답하시는 것이다. 그리고 그 분이 내 기도를 들으신다는 것을 안다면, 내가 그 분께 어떤 기도를 드려야 하는지도 아는 것이다.

예를 들어서, 내가 지혜를 구할 때에, 내게 지혜를 주시는 것이 하나님의 뜻이라는 것을 분명히 알고 구하는 것이다. 왜냐하면 야고보서 1:5에서 말씀하고 계시기 때문이다. "너희 중에 누구든지 지혜가 부족하거든 모든 사람에게 후히 주시고 꾸짖지 아니하시는 하나님께 구하라 그리하면 주시리라." 따라서 내가 지혜를 구할 때에, 그 기도를 들으시고 나에게 지혜를 주실 것이라는 것을 내가 아는 것이다. "너희가 악할지라도 좋은 것을 자식에게 줄 줄 알거든 하물며 너희 천부께서 구하는 자에게 성령을 주시지 않겠느냐?"(눅 11:13).

몇 년 전에 Y.M.C.A. 성경학교에서 기도에 대한 강의를 마치고 나오는데 한 목사가 다가와서 이렇게 말하는 것이다.

"목사님께서는 우리가 구체적이고 분명한 것들을 구할 수 있고 우리가 구한 바로 그것들을 얻을 수 있다는 식으로 말씀하셨습니다."

나는 내가 그런 식으로 말했는지는 잘 모르겠으나 아무튼 그런 인상을 주고자 했던 것은 분명하다고 말했다.

그가 대답했다. "그렇지만 그것은 옳지 않습니다. 우리는 하나님의 뜻을 잘 알지 못하기 때문에 그런 식으로 확신 할 수는 없는 것입니다."

나는 즉시 그에게 야고보서 1:5절을 펴서 읽어주며 말했다, "우리가 지혜를 구하면 그것을 주시는 것이 하나님의 뜻이 아니라는 말입니까? 당신이 그것을 얻으려고 하면서도 그 사실을 모른다는 말입니까?"

그는 대답했다, "아! 우리는 지혜가 무엇인지 모르지 않습니까?"

나는 이렇게 말했다, "예, 모릅니다. 그것을 안다면 구할 필요도 없겠지요. 하지만 지혜가 무엇이든지 간에 그것을 구하면 얻는다는 것은 확실하지 않습니까?"

안다는 것은 분명히 우리의 특권이다. 하나님의 말씀 속에 구체적인 약속이 있을 때에, 우리가 만일 그것이 하나님의 뜻인지, 우리가 그것을 구할 때에 하나님께서 이루어 주실 지를 의심한다면, 우리는 하나님을 거짓말쟁이로 만드는 것이다.

응답받는 기도의 가장 큰 비밀 중 하나가 바로 이것이다. 하나님의 말씀을 연구하여 그 약속 안에 하나님의 뜻이 드러나 있는 것을 발견하는 것이다. 그리고는 그 약속들을 가져다가 기도로써 하나님 앞에 단지 펼쳐 놓기만 하면 되는 것이다. 그러면서 하나님께서 당신의 말씀 속에 약속해 놓으신 것들을 이루신다는, 결코 요동치 않는 절대적인 기대를 갖는 것이다.

### (2) 그러나 하나님의 뜻을 알 수 있는 다른 방법도 있다.

즉 성령의 가르치심을 통해서 이다. 우리의 필요를 따라 하나님께 구해야 하는 것들 중에는 구체적인 약속이 주어지지 않은 것들이 많이 있다. 그럴 때라 할지라도 우리가 하나님의 뜻에 대하여 전혀 무지한 상태로 놓여 있는 것은 아니다. 로마서 8:26-27은 이렇게 말한다. "이와 같이 성령도 우리의 연약함을 도우시나니 우리가 마땅히 빌 바를 알지 못하나 오직 성령이 말할 수 없는 탄식으로 우리를 위하여 친히 간구하시느니라. 마음을 감찰하시는 이가 성령의 생각을 아시나니 이는 성령이 하나님의 뜻대로 성도를 위하여 간구하심이니라." 여기에서 우리는 성령께서 우리 안에서 기도하신다는 것을 분명히 알 수 있다. 그리고 우리의 기도를 하나님의 뜻 가운데로 이끌어 주신다. 어떤 방향으로든지 성령의 이끌림을 받아 주어진 주제를 놓고 기도하게 되면 그것이 바로 하나님의 뜻이라는 확신을 얻게 되는 것이다. 따라서 성경에 구체적인 약속이 없는 경우라 할지라도 우리가 구한 바로 그것을 얻게 되는 것이다. 하나님께서는 성령을 통하여 우리의 마음에 다른 한 개인을 위한 기도를 하게 하시는 경우가 많다. 그러한 경우에 우리는 편안히 쉬고 있을 수 없게 되는 것이다. 그 사람을 위해 말할 수 없는 탄식으로 기도하게 되는 것이다. 아마 그 사람이 우리와 아주 먼 사람일 지도 모르겠다. 그렇다 하더라도 하나님은 그 기도를 들으시고 머지않아 우리는 그 사람이 분명한 회심을 했다는 소식을 접하게 되는 것이다.

요한일서 5:14-15은 성경에서 가장 잘못 사용되어지는 구절들 중에 하나이다. "그를 향하여 우리의 가진 바 담대한 것이 이것이니 그의 뜻대로 무엇을 구하면 들으심이라. 우리가 무엇이든지 구하는 바를 들으시는 줄을 안즉 우리가 그에게 구한 그것을 얻은 줄을 또한 아느니라." 우리의 신앙을 격려하시기 위해 성령께서 이 구절을 성경 안에 넣으셨다는 것은 의심의 여지가 없다. 이 구절은

"그를 향하여 우리의 가진 바 담대한 것은 이것이니"로 시작하여 "우리가 그에게 구한 그것을 얻은 줄을 또한 아느니라"로 끝을 맺는다. 이렇게 확신을 불러일으키는 분명한 이 구절을 가지고 오히려 기도의 불확실함의 요소들이 있다는 식으로 사용되어지는 경우가 빈번하다. 한 사람이 확신에 찬 기도를 드리고 있으면, 신중하다고 하는 한 형제가 다가와서는 이렇게 말하는 것이다.

"자, 지나치게 확신하지는 마세요. 만일 그것이 하나님의 뜻이라면 그 분이 이룰 것입니다. 그러니 '만일 이것이 당신의 뜻이라면' 이라는 구절을 넣어서 기도하시오."

물론 하나님의 뜻을 알지 못하는 때가 많은 것은 사실이다. 그리고 모든 기도는 하나님의 놀라우신 뜻 아래 복종해야 한다는 것 또한 사실이다. 그러나 하나님의 뜻을 알고 있다면, *만일 주의 뜻이라면* 이라는 말을 할 필요가 없다. 성경 속에 이 구절이 들어 있는 것은 우리의 모든 기도에 *만일 주의 뜻이라면* 이라는 말을 붙이도록 하기 위해서가 아니라, 오히려 그 말은 바람에 날려 버리고 우리가 구한 것들은 이미 얻은 줄로 "*아는*" "*담대함*"을 갖도록 하기 위해서이다.

4. 그리스도의 이름으로 하나님의 뜻을 따라 드리는 기도

# 5

# 성령안에서 기도함
-Praying in the Spirit -

## 1. 우리는 지금까지의 내용들을 통하여 거듭거듭, 기도는 성령께 의지하여야 한다는 사실을 확인했다.

이 사실은 에베소서 6:18, "무시로 *성령 안에서* 기도하고"와 유다서 20, "성령으로 기도하며"에 매우 분명하게 나타난다. 사실 기도의 모든 비밀은 이 *성령 안에서*라는 말씀속에 담겨져 있다. 이것은 바로 성부 하나님께서 들으시고 성령 하나님께서 감동하시는 그런 기도이다.

제자들은 어떻게 기도 하는지를 몰라 예수께로 와서 물었다. "주여 우리에게 기도를 가르쳐주십시오." 우리 또한 마땅히 어떻게 기도해야 할지를 모른다. 그러나 우리에겐 바로 곁에서 우리를 돕고 계시는 교사요 안내자가 있다(요 14:16-17). "성령도 우리의 연약함을 도우시나니"(롬 8:26). 그가 우리에게 어떻게 기도하는지를 가르쳐 주신다. 참된 기도는 성령 안에서 하는 기도다. 즉 성령께서 감동하시고 지도하시는 그런 기도가 참된 기도다. 우리가 하나님의 임재 속으로 나아갈 때 우리는 우리의 "연약함"과 빌 바를 알지 못하는 우리의 처지를 반드시 인식해야 한다. 바른 기도를 드릴만 한 능력이 우리에게는 전혀 없음을 알고 성령을 바라보아야 한다. 그리하여 우리 자신을 철저히 그 분께 내어 맡겨 우리 기도를 지도하시고 우리의 소원을 이끄시도록, 우리 입술의 고백들까지도 그 분이 인도하시도록 해야 하는 것이다. 분별없이 그저 하나님의 임재 속으로 달려 들어가서 그냥 그 때 그 때 마음에 떠오르는 대로 구하는 것만큼 바보 같은 짓도 없다. 하나님의 임재 속으로 들어가게 되면, 먼저 그 앞에서 잠잠해야 한다. 그의 성령을 보내셔서 우리가 어떻게 기도할 것을 가르치시기를 바라고 기다려야 한다. 우리는 성령을 기다려야만 한다. 그리고 우리 자신을 성령께 굴복시키고 난 후에야 바른 기도를 할 수 있을 것이다.

우리는 종종 하나님께 기도를 드리고자 나아왔지만, 기도하고픈 마음이 생기지 않는 경우가 있다. 그런 경우에는 무엇을 해야 하나? 기도 하고 싶은 마음이 들 때 까지 중지해야 하나? 전혀 아니다. 기도 하고픈 마음이 가장 생기지 않는 그 때가 바로 가장 기도가 필요한 때이다. 우리는 하나님 앞에서 잠잠히 기다려야 한다. 그리고 우리의 마음이 얼마나 냉랭하고 기도가 부족한지를 그 분께 아뢰야 하는 것이다. 그 분이 성령을 보내셔서 우리의 마음을 뜨겁게 하고 기도 가운데로 우리를 이끄시도록 그

분을 바라고 신뢰하고 기대해야 하는 것이다. 그러면 이내 성령의 임재가 우리 마음을 가득 채우게 되고, 자유와 신실함과 견고한 능력을 가지고 기도를 시작하게 될 것이다. 내가 경험한 가장 복된 기도의 시간들은 대부분 기도할 마음이 전혀 생기지 않는 상태에서 기도를 시작한 경우였다. 그러나 그런 무기력하고 냉랭한 가운데서 나는 내 자신을 완전히 하나님께 내어 던졌다. 그리고 그 분이 성령을 보내셔서 기도하게 하시기를 바랐다. 그러면 그 분은 항상 그렇게 해 주셨던 것이다.

성령 안에서 기도 할 때, 우리는 바른 것들을 바른 방법으로 기도하게 된다. 그러한 우리의 기도 속에는 기쁨과 능력이 샘솟는 것이다.

## 2. 우리가 능력으로 기도하려면, 반드시 믿음으로 기도해야만 한다.

마가복음 11:24에서 예수님은 말씀하신다, "그러므로 내가 너희에게 말하노니 무엇이든지 기도하고 구하는 것은 받은 줄로 믿으라 그리하면 너희에게 그대로 되리라." 하나님의 말씀의 어떤 약속이 아무리 긍정적인 것이라고 해도 그것이 우리 기도의 응답으로 성취될 것을 믿지 않는 다면 우리는 그 기쁨을 경험할 수 없다. 야고보는 말하기를 "너희 중에 누구든지 지혜가 부족하거든 후히 주시고 꾸짖지 아니하시는 하나님께 구하라 그리하면 주시리라"(1:5)고 한다. 어떤가! 이 약속보다 더 긍정적일 수는 없을 것이다. 그런데 그 다음 절에서 덧붙이기를 "오직 믿음으로 구하고 조금도 의심하지 말라 의심하는 자는 마치 바람에 밀려 요동하는 바다 물결 같으니 이런 사람은 무엇이든지 주께 얻기를 생각하지 말라"(약 1:6-7). 거기에는 확신과 요동치 않는 기대가 있어야 하는 것이다. 그러나 기도가 응답되고 약속이 성취된다고 하는 그런 기대보다도 더 큰 믿음이 있다. 이것은 마가복음 11:24절에 나타나 있다. "그러므로 내가 너희에게 말하노니 무엇이든지 기도하고 구하는 것은 받은 줄로 믿으라 그리하면 너희에게 그대로 되리라."

그렇지만, 어떻게 이런 믿음을 가질 수 있을까?

다시 강조하지만, 그것은 열심을 낸다고 억지로 되는 것이 아니다. 많은 사람들은 이 믿음의 기도에 대한 약속을 읽고 나서 자기가 원하는 것을 구한다. 그리고는 하나님께서 자기 기도를 들으셨다고 스스로 믿으려고 애쓰는 것이다. 그 결과는 단지 실망만을 안겨다 줄 뿐이다. 왜냐하면 그것은 진정한 신앙이 아니며, 구하는 것 역시 주어지지 않기 때문이다. 이 점에서 바로 많은 사람들이 자신의 의지와 노력으로 믿음을 만들어 내려고 하다가 주저앉고 마는 것이다. 자신의 노력에 의한 믿음으로 얻으리라고 기대했던 것들이 주어지지 않을 때, 그 믿음의 기초 자체가 흔들리게 되는 것이다.

그렇지만, 어떻게 하면 이 같은 진정한 믿음을 가지게 되는가?

로마서 10:17절이 바로 이 질문에 대한 답을 주고 있다. "그러므로 믿음은 들음에서 나며 들음은 *그리스도의 말씀으로 말미암았느니라.*" 진정한 믿음을 소유하려면 하나님의 말씀을 연구하고 거기에 약속된 것을 발견해야 하는 것이다. 그런 후에는 하나님의 약속들을 믿기만 하면 된다. 믿음은 하나님으로부터 인정을 받은 것이어야만 한다. 우리가 믿고 싶어 하는 어떤 것을 믿는 것은 믿음이 아니다. 성경을 통해 하나님이 말씀하시는 것을 믿는 것이 바로 믿음이다. 기도 할 때에 믿음을 갖기를 원한다면,

내 믿음이 자리 잡을 수 있는 어떤 약속을 하나님의 말씀 안에서 발견해야만 하는 것이다. 더 나아가 믿음은 성령을 통해서 온다. 성령은 하나님의 뜻을 알고 계신다. 내가 만일 성령 가운데서 기도하고 나에게 하나님의뜻을 가르쳐주시기를 구한다면, 그 분의 뜻을 따라 기도할 수 있게 인도하실 것이다. 그리고 그 기도가 응답된다고 하는 믿음을 주실 것이다. 그러나 어떤 경우라도 단순히 갖고자 하는 것을 얻을 수 있다고 결정하는 것으로 진정한 믿음이 생기는 것은 아니다. 거기에 하나님 말씀의 약속이 없고 성령의 분명한 인도가 없다면, 거기에는 진정한 믿음이 있을 수 없다. 또 그런 경우에 믿음이 부족하다고 스스로를 책망해서도 안 될 것이다. 그러나 만일 원하는 그것이 하나님의 말씀 속에 약속되어 있는 것인데도 우리가 의심한다면, 스스로를 책망하는 것이 당연할 것이다. 왜냐하면 그의 말씀을 의심하는 것은 하나님을 거짓말쟁이로 만드는 것이기 때문이다.

# 6

# 항상 기도하고 낙심하지 않음
-Always Praying and Not Fainting -

누가복음의 두 비유에서 예수님께서는 사람이 항상 기도하고 낙심치 말아야 한다는 교훈을 아주 강조해서 말씀하신다. 그 첫 번째 비유는 누가복음 11:5-8에 있고 나머지 비유는 누가복음 18:1-8에 있다.

"또 이르시되 너희 중에 누가 벗이 있는데 밤중에 그에게 가서 말하기를 벗이여 떡 세 덩이를 내게 빌리라. 내 벗이 여행 중에 내게 왔으나 내가 먹일 것이 없노라 하면 저가 안에서 대답하여 이르되 나를 괴롭게 하지 말라 문이 이미 닫혔고 아이들이 나와 함께 침소에 누웠으니 일어나 네게 줄 수가 없노라 하겠느냐 내가 너희에게 말하노니 비록 벗됨을 인하여서는 일어나 주지 아니할지라도 그 강청함을 인하여 일어나 그 소용대로 주리라"(눅 11:5-8).

"항상 기도하고 낙망치 말아야 될 것을 저희에게 비유로 하여 가라사대, 어떤 도시에 한 과부가 있어 자주 그에게 가서 내 원수에 대한 나의 원한을 풀어 주소서 하되 그가 얼마 동안 듣지 아니하다가 후에 속으로 생각하되 내가 하나님을 두려워 아니하고 사람을 무시하나 이 과부가 나를 번거롭게 하니 내가 그 원한을 풀어 주리라 그렇지 않으면 늘 와서 나를 괴롭게 하리라 하였느니라. 주께서 또 가라사대, 불의한 재판관의 말한 것을 들으라 하물며 하나님께서 그 밤낮 부르짖는 택하신 자들의 원한을 풀어주지 아니하시겠느냐? 저희에게 오래 참으시겠느냐? 내가 너희에게 이르노니 속히 그 원한을 풀어 주시리라. 그러나 인자가 올 때에 세상에서 믿음을 보겠느냐 하시니라"(눅 18:1-8).

이 두 비유 중 첫 번째 비유에서 예수님은 기도에 있어서 강청함의 필요성을 놀라운 방식으로 부각시키신다. **"강청함"**으로 번역된 이 단어는 문자적으로 보면 *부끄러움을 모른다*는 뜻이다. 예수께서 우리들로 하여금 깨닫게 하려고 하시는 것은 마치 하나님 편에서 거절하시거나 지체하시는 것처럼 보일지라도 우리는 구하는 것들을 얻고자 하는 결연한 마음으로 부끄러움도 모른 채 끈질기게 구하기를 원하신다는 것이다. 'No' 라는 답을 결코 받아들이지 않는 그런 거룩한 담대함을 하나님께서는 기뻐하신다. 그것은 큰 믿음의 표현이며 그러한 믿음 보다 더 하나님을 기쁘시게 하는 것은 없다.

예수님은 너무하다 싶을 정도로 가나안 여인을 무시하셨다. 그러나 그 여인은 결코 물러서지 않았고 예수님은 그 여인의 부끄러움을 모르는 간청함을 기쁘게 여기신 것이다. 그리고는 말씀하셨다. "여자야, 네 믿음이 크도다. 네 소원대로 되리라"(마 15:28). 하나님께서는 언제나 우리가 간청을 시작하자마자 바로 들어주시는 것은 아니다. 우리를 훈련시키시고 가장 좋은 것들을 위해 부단히 애쓰고 노력하게 하셔서 강하게 만들고자 하신다. 이처럼 우리가 기도를 시작하기만 하면 하나님께서 언제나 우리가 구하는 것을 응답으로 주시는 것은 아니다. 가장 좋은 것들을 위하여 열심히 기도하게 하셔서 우리를 훈련시키시고 강하게 만들고자 하시는 것이다. 우리로 하여금 끈기 있게 계속 기도하게 만드신다.

이러한 사실이 나는 기쁘다. 우리가 구하는 것을 하나님으로부터 얻게 되기까지 오랜 기간 동안 계속 반복하여 구하도록 하시는 것이다. 이보다 더 복된 일은 없을 것이다. 많은 사람들이 한두 번 간구 해봐도 주시지 않으면 그것이 하나님의 뜻이 아니라고 치부해 버린다. 그리고는 이렇게 말한다. "글쎄, 아마도 그건 하나님의 뜻이 아닌가봐."

대개의 경우 이것은 하나님의 뜻에 굴복하는 것이 아니라 영적인 게으름이다. 노력으로 어떤 것을 얻으려고 한두 번 시도해 본 후에 포기하는 것을 두고 그것을 하나님의 뜻에 굴복했다고 하지는 않는다. 우리는 그것을 단지 무기력한 것이라고 부를 뿐이다. 행동력 있는 강한 사람들은 어떤 것을 이루고자 일을 시작하면 그것을 이룰 때까지 한두 번 아니라 수백 번이라도 계속 하는 것을 볼 수 있다. 그리고 강한 기도의 사람 역시 일단 어떤 것을 놓고 기도를 시작하면 간구하는 그것을 얻기까지 끈기 있게 기도하기를 쉬지 않는 것이다. 하나님께 무엇을 구하는 것에 대해서는 조심해야 하는 것이 사실이다. 그러나 어떤 것을 구하기 시작했을 때엔 그것을 얻든지 아니면 하나님의 뜻이 아니라는 것이 분명해지든지 할 때까지는 그것에 대한 기도를 결코 포기하지 말아야 하는 것이다.

어떤 사람은 한 가지 일에 대해 두 번 기도하는 것은 불신앙을 보여주는 것이라고 믿는 사람이 있다. 하나님께는 처음 한 번만 구하면 된다는 것이다. 물론 하나님 말씀에 대한 믿음이나 성령의 인도하심을 통해 처음 한 번의 간구로 우리의 구하는 것을 얻는 경우도 있을 것이다.

그러나 그러한 경우를 제외한 대부분의 경우에는 구하는 것을 얻기 전까지 한 가지 일을 두고 거듭거듭 기도하고 또 해야 하는 것이다. 두 번 이상 간구하지 않는 사람은 주님을 넘어선 사람이다(마 26:44). 조지 뮬러(George Mueller)는 60년 이상을 매일 두 사람을 위해 기도하였다. 그 두 사람 중 한 사람은 뮬러가 죽기 직전에 회심하였는데, 아마도 뮬러가 인도한 마지막 예배에서였을 것이다. 나머지 한 사람은 그가 죽은 후 일 년 안에 회심하였다. 오늘날 가장 절실한 것 중 하나는, 기도를 시작할 뿐 아니라 원하는 것들을 주께로부터 얻어내기 까지 기도하고 기도하며 또 기도하는 그런 사람들이 많아지는 것이다.

# 7

# 그리스도안에 거함

-Abiding in Christ-

"너희가 내 안에 거하고 내 말이 너희 안에 거하면 무엇이든지 원하는 대로 구하라 그리하면 이루리라"(요 15:7). 기도의 모든 비밀들은 우리 주님의 말씀들 안에서 다 발견된다. 무한한 능력의 기도가 바로 여기에 있다. "무엇이든지 **원하는 대로** 구하라 그리하면 이루리라."

우리가 원하는 것을 구하고 구한 것을 정확히 받고, 구한 것을 모두 받는 길이 여기에 있는 것이다. 그리스도께서는 원하는 것을 모두 받는 기도의 두 가지 조건을 제시하신다.

### 1. 그 첫 번째 조건은 "너희가 내 안에 거하면"이다.

그리스도 안에 거한다는 것이 무엇인가?

어떤 설명들은 너무 미스터리 같고 심오하여 보통의 하나님의 자녀들에게는 실질적으로 전혀 의미가 없다. 그러나 예수님께서 의미하신 것은 매우 단순하다.

주님은 자신을 포도나무에, 그의 제자들은 그 나무의 가지에 비유하셨다. 나무에 계속 붙어있는 가지들은 나무와 하나가 되어 살아가는 것이다. 그래서 나무의 수액과 양분이 끊임없이 그 가지로 흘러들어간다. 가지들은 그들

스스로 생명을 유지 할 수는 없다. 그 가지에 있는 모든 것들은 단지 포도나무로부터 흘러나온 생명력의 결과물일 뿐이다. 그것들의 꽃봉오리, 잎사귀, 꽃, 열매 등 모든 것들이 실제로는 그들 자신의 것들이 아니다. 그것들은 모두 포도나무의 것이다. 어떤 가지들은 나무로부터 완전히 절단 나서 분리되어 있기도 하고 그 외의 것들은 수액과 양분을 공급받는 길이 막혀 있기도 한 것이다. 이제 우리가 그리스도 안에 거한다는 것은 처음에 말한 그 가지와 포도나무의 관계와도 같은 그러한 관계를 그리스도와 맺고 있는 것이다. 다시 말해서 그리스도 안에 거한다는 것은 우리 자신의 독립적인 삶을 포기한다는 것이다. 우리의 사고방식대로 생각하고, 우리 나름대로 결정하며, 우리의 감정에만 몰두하는 그런 시도들을 모두 포기하는 것이다. 그래서 그리스도의 생각을 하고, 그 분의 목적하신 바가 우리 안에 온전히 형성되며, 우리 안에서 그의 감정과 애정이 느껴지도록 끊임없이 그 분을 바라보는 것이다. 그것은 그리스도와 관계없는 모든 것들을 끊어버리는 것이며, 그의 생명력이 우리 안으로 흘러들어오며, 그의 생명의 역사가 우리를 통해 이루어지도록 끊임없이 그리스도를 바라보는 것이다. 이와 같이 할 때 우리가 하나님께 간구한 것들을 얻게 되는 것이다.

반드시 그럴 수밖에 없다. 왜냐하면 우리가 원하는 것이 우리 자신의 소원이 아니고, 그리스도의 소원이 될 것이기 때문이다. 그리고 우리의 기도 역시 우리의 간구가 아니라 우리 안에 계시는 그리스도께서 간구하시는 것이기 때문이다. 그와 같은 기도는 언제나 하나님의 뜻과 일치하며, 아버지께서는 그 기도를 들으시는 것이다. 우리가 응답받는 일에 실패할 때는 그 기도가 그저 우리의 기도일 뿐이기 때문이다. 우리를 통하여 기도하시는 그리스도를 바라보는 대신에, 우리의 욕심을 품었고 자신을 위한 간구를 드렸던 것이다.

그리스도 안에 거하기 위해서는 그리스도를 모든 죄에서 구원해 주시는 구세주로 영접함으로 이미 그리스도 안에 있어야만 함은 물론이며, 죄의 권세를 이긴 부활의 주로, 우리 전 인생의 주인으로 인정해야만 하는 것이다. 그렇게 그리스도 안에 거하기 위해 우리가 해야 할 전부는 단지 이것이다. 즉 우리 자신의 모든 생각, 목적, 소원, 감정까지 다 통틀어서 완전히 포기하고 끊어버리는 것이다.

그리고 그분께서 당신의 생각, 목적, 감정, 소원을 우리 안에 채우시도록 날마다 매 순간 그리스도를 바라보는 것이다. 사실 그리스도 안에 거한다는 것은 매우 간단한 일이다. 그럼에도 그것은 특권과 능력이 있는 놀라운 삶인 것이다.

**2. 첫 번째 조건에 포함되어 있기는 하지만 이 구절에서 말하는 또 한 가지 조건이 있는데, 그것은 바로 "내 말이 너희 안에 거하면"이다.**

우리의 구한 바를 하나님으로부터 모두 받으려면, 그리스도의 말씀이 우리 안에 거해야 한다. 그의 말씀을 연구하고 탐독하여 그 말씀들이 우리 생각과 심령에 잠기게 하며, 우리 기억 속에 담아 두어야 하는 것이다. 말씀들을 꾸준히 순종함으로 우리의 매일의 삶과 행동 속에서 형상화되도록 해야 하는 것이다.

이것이 바로 그리스도 안에 거하는 방법인 것이다. 예수께서는 말씀을 통하여 자신을 우리에게 알리신다. 그가 우리에게 하시는 그 말씀들, 그것이 바로 영이며 생명인 것이다(요 6:63). 그리스도의 말씀을 묵상하며 우리 안에 깊이 잠기도록 하여 영원히 우리의 심령에 거하게 하지 않고서는 기도의 능력을 구해봐야 소용없는 일이다. 자신들에게는 왜 그렇게도 기도의 능력이 없는지 의아해 하는 사람들이 많다. 그 답은 그들이 그리스도의 말씀을 소홀히 하는 데서 쉽게 찾을 수 있다. 그들은 그리스도의 말씀을 마음에 담아두지 않는다. 즉 그리스도의 말씀이 그들 안에 전혀 거하지 않는 것이다. 우리가 그리스도 안에 거하기를 배우는 것은 무슨 신비한 명상이나 황홀경 같은 것을 통해서가 아니다. 그것은 성경에 기록된 그리스도의 말씀을 먹고, 성령께서 우리 마음에 그 말씀을 심어주시어 그 말씀들이 살아 움직이게 해주시기를 바라는 데 있는 것이다. 우리가 그리스도의 말씀을 우리 안에 거하시게 하기만 하면, 그 말씀들이 우리 마음을 흔들어 깨워 기도하게끔 하는 것이다. 우리의 기도는 그 말씀의 틀 안에서 형성된다. 그리고 그 기도는 하나님의 뜻과 반드시 일치하게 되며 응답을 받게 되는 것이다. 하나님의 말씀 공부하기를 소홀히 하는 곳에는 결코 기도의 응답이 있을 수 없다.

단순히 지식적으로만 하나님의 말씀을 알아서도 안 된다. 반드시 그 말씀을 묵상해야만 하는 것이다. 하나님께서 성령을 통해 그 말씀이 우리 마음에 살아있게 해주시기를 끊임없이 바라면서, 하나님의 말씀이 우리 마음속에서 떠나지 않게 해야 한다. 이렇게 하나님의 말씀에 대한 묵상에서 나오는 기도야 말로 하나님께 곧바로 상달되는 그런 기도인 것이다.

우리 시대 위대한 기도의 사람 중 하나인 조지 뮬러(George Mueller)는 기도 시간이면 항상 말씀을 읽고 묵상하는 것부터 시작했다. 그리고는 그 말씀으로부터 자연스레 기도가 마음속에서 일기 시작할 때 비로소 기도를 시작했다고 한다. 이렇게 될 때에, 하나님께서 친히 그 기도의 주체가 되시고 당신이 불러일으키신 그 기도에 응답하시는 것이다.

성령께서는 하나님의 말씀을 통하여 일하신다. 하나님의 말씀은 여러 가지 의미에서 성령의 검이다. 그리고 어떤 상황에서든지 성령의 일하심을 알고자 한다면 하나님의 말씀을 반드시 섭취해야 하는 것이다. 성령 안에서 기도하기를 원한다면 하나님의 말씀을 충분히 묵상해야 하는 것이다. 그 말씀이 바로 성령께서 일하실 수 있는 토대가 되기 때문이다. 성령께서는 말씀을 통하여 우리 안에서 자신의 기도를 불러일으키신다. 따라서 말씀을 소홀히 한다면 성령 안에서 기도하기란 불가능한 것이 되고 만다. 하나님의 말씀을 연료로 하여 우리의 기도의 불을 지핀다면, 기도에 있어서 모든 어려움들은 사라져 버릴 것이다.

# 8

# 감사함으로 기도함
### -Praying with Thanksgiving-

바울은 빌립보서 4:6-7에서 기도에 관한 교훈을 주고 있다. "아무것도 염려하지 말고 오직 모든 일에 기도와 간구로, 너희 구할 것을 감사함으로 하나님께 아뢰라. 그리하면 모든 지각에 뛰어난 하나님의 평강이 그리스도 예수 안에서 너희 마음과 생각을 지키시리라." 그런데 우리는 여기에서 흔히 중요한 단어 한 가지를 지나쳐 버리곤 한다. 바로 "감사함으로"이다.

새로운 축복을 위해 하나님께 간구함으로 나아갈 때에, 우리는 이미 주어진 축복에 대한 감사를 잊어서는 안 된다. 하나님께서 얼마나 많은 기도에 응답해 주셨는지, 우리는 그 받은 응답에 대해 얼마나 많은 감사를 드렸는지를 한 번 생각해 본다면, 우리의 감사 없음에 당혹함을 감추지 못할 것이다. 우리가 기도를 드릴 때와 마찬가지로 감사를 드리는 것 또한 분명히 해야 하는 것이다. 하나님께 간구할 때에는 조목조목 구체적으로 하면서도, 감사를 드릴 때에는 그냥 불분명하게 뭉뚱그려서 하고 마는 것이다. 두말할 것도 없이, 우리 기도의 능력이 부족한 그 많은 이유 중 한 가지는 이미 받은 축복에 대해 감사하는 것을 소홀히 하는 데에 있다. 누군가 우리에게 끊임없이 도움을 구하면서도 그 받은 도움에 대해 전혀 "감사합니다"라는 말을 하지 않는다면, 우리는 이내 돕고 싶은 마음이 사라져 버릴 것이다.

우리 하늘 아버지께서는 우리에게 가장 좋은 것이 무엇인지를 판단하시고 종종 우리 기도를 거절하신다. 그리하여 우리로 하여금 우리의 감사하지 못하는 태도를 깨닫고 돌이키도록 하시고, 우리에게 감사를 가르치시는 것이다.

우리 중 많은 사람들이 범하는 죄, 즉 감사하지 않는 것에 대해 하나님께서는 크게 슬퍼하시는 것이다. 예수께서 열 사람의 문둥병자를 고쳐 주셨을 때 단지 한 사람만이 돌아와 감사를 드렸다. 그 때 예수께서는 놀라움을 금치 못하시며 이렇게 한탄하셨다. "열 사람이 다 깨끗함을 받지 아니하였느냐? 그 아홉은 어디 있느냐?"(눅 17:17).

끊임없는 그 분의 축복과 우리 기도에 응답하심에 대해 우리가 감사치 못하는 것을 주님이 슬픔에 잠긴 눈으로 내려다보시는 경우가 얼마나 많은지 모른다. 이미 받은 축복들에 대해 감사를 드리는 것은 우리의 신앙을 자라게 할 뿐 아니라 담대함과 새로운 확신을 가지고 하나님께 나아가게 만든다. 그렇게도 많은 사람들의 기도에 능력이 없는 것은 두말할 것도 없이 하나님을 묵상하는 것과 이미 받은 축복에 대한 감사를 거의 하지 않기 때문이다. 이미 받은 기도의 응답들을 생각할 때에, 신앙은 점점 더 담대해지고 주께서는 능치 못할 것이 없으시다는 것을 우리 영혼 깊은 곳에서 느끼게 되는 것이다. 한편으로는 우리를 향한 하나님의 그 놀라운 선하심을 깊이 생각해보고, 또 한편으로는 우리가 하나님께 거의 감사를 드리지 않는 다는 것을 생각할 때면, 하나님 앞에서 우리 자신을 낮추고 우리의 죄를 고백하게 될 것이다.

성경과 교회사에 나타나는 위대한 기도의 사람들은 모두가 하나님께 감사와 찬양을 드리는데 헌신했던 사람들이었다. 다윗은 기도의 사람이었는데, 그의 시편은 감사와 찬양으로 넘쳐난다. 사도들 역시 기도의 용사들이었는데, 성경은 이렇게 말하고 있다. "늘 성전에 있어 하나님을 찬송하니라"(눅 24:53). 사도 바울도 기도의 사람이었는데, 그의 서신들을 보면 그의 입에서는 축복과 기도응답들에 대해 구체적인 감사가 터져 나오는 것을 볼 수 있다. 예수께서는 다른 모든 것들에서처럼 기도에 있어서도 우리의 본이 되신다. 그 분의 생애를 공부해 보면 아주 간단한 식사를 놓고서도 진지하게 감사를 드리는 그분의 모습을 보고 두 제자들은 그분이 부활하신 주님이시라는 것을 알아차리게 되었다는 것을 알 수 있다.

감사는 성령 충만함으로 인해 생겨나는 피할 수 없는 결과들 중 하나이다. 그리고 "모든 것들에 대해 감사하는 것"을 배우지 않는 사람은 성령 안에서 기도하기를 계속할 수가 없는 것이다. 능력 있는 기도를 배우려면, "감사함으로"라는 이 말을 우리 마음속 깊이 잠기게 해야 할 것이다.

# 9

# 기도의 장애물들
### -Hindrances to Prayer-

우리는 지금까지 응답 받는 기도의 긍정적인 조건들을 주의 깊게 살펴보았다. 그러나 기도를 방해하는 요소들도 있다. 하나님께서는 이것들을 그의 말씀 속에 매우 분명히 밝혀두셨다.

## 1. 기도의 첫 번째 장애 요인을 우리는 야고보서 4:3에서 발견하게 된다.

"구하여도 받지 못함은 정욕으로 쓰려고 잘못 구함이니라."

기도에 있어서 이기적인 목적을 갖는 것은 기도의 능력을 사라지게 만든다. 그러함에도 이기적인 기도들이 매우 많다. 하나님의 뜻에 딱 들어맞는 합당한 것들을 얼마든지 구할 수 있다. 그런데도 기도의 동기가 완전히 잘못되어 그 기도는 힘없이 땅에 떨어지고 마는 것이다. 기도의 참된 목적은 그 기도의 응답을 통하여 하나님이 영광을 받으시는데 있다. 우리의 쾌락이나 우리의 안일함만을 위하여 무엇을 구한다면, 구한 것을 받기를 기대할 필요가 없다. 많은 기도들이 응답받지 못하는 것이 바로 이 때문이다.

예를 들자면, 많은 여자들이 자신의 남편의 회심을 위하여 기도한다. 그것은 확실히 합당한 간구이다. 그러나 많은 여자들이 남편의 회심을 위하여 간구하는 그 동기가 아주 합당치 못한 것이다. 이기적인 것이다. 남편이 회심을 하면 그녀를 더욱 즐겁게 해주고 더욱 잘 이해해 줄 것이기 때문에 남편의 회심을 바랄 수도 있다. 혹은 남편이 죽어서 영원히 버린바 된 것을 생각하면 너무나 고통스럽기 때문일 수도 있다. 이런 식으로 남편의 회심을 바란다면 그 기도는 순전히 이기적인 것이다. 그렇다면 어떤 이유에서 남편의 회심을 바라야하는 것일까? 무엇보다 먼저 하나님의 영광을 위해서 이다. 하나님의 영광을 욕되게 하는 남편의 그런 모습들을 생각할 때에 도저히 견딜 수가 없어서, 이러한 이유에서 남편의 회심을 위해 간구해야 하는 것이다.

많은 사람들이 부흥을 위해 기도한다. 그런 기도는 분명 하나님을 기쁘시게 하는 기도이다. 또한 하나님의 뜻과도 일치하는 것이다. 그러나 부흥을 위한 기도들 중에도 순전히 이기적인 것들이 많다. 교인 수가 늘어나고 지

역사회에서 그 교회의 영향력이 커지는 것 때문에 부흥을 원하는 것이다. 어떤 교회들은 재정의 증가나 노회나 여러 집회, 모임 등에서 좋은 평을 얻기 위해서 부흥을 원하는 교회도 있다. 이와 같은 저급한 목적들을 위해 교회와 목회자들이 부흥을 간구하는 경우가 많은데, 하나님께서는 그런 기도에 응답하시지 않는다. 그럼 어떤 목적을 가지고 부흥을 간구해야 하는 것일까? 하나님의 영광을 위하여! 교회의 세속화와 불신자들의 죄와 오늘날의 교만한 불신앙 때문에 하나님의 영광이 욕을 당하는 것을 견딜 수가 없어서, 그 때문에 부흥을 구해야 하는 것이다. 하나님의 말씀이 가치 없는 것이 되는 것을 견딜 수가 없어서, 그런 이유로 부흥을 구해야 하는 것이다. 그리스도의 교회위에 성령을 부으심으로 말미암아 하나님이 영광을 받으시기 위해 부흥을 구해야 하는 것이다. 다른 무엇보다도 이러한 이유들 때문에 우리는 부흥을 간구해야 하는 것이다.

## 2. 기도를 방해하는 두 번째 요인을 우리는 이사야 59:1-2에서 발견하게 된다.

"여호와의 손이 짧아 구원치 못하심도 아니요 귀가 둔하여 듣지 못하심도 아니라, 오직 너희 죄악이 너희와 너희 하나님 사이를 내었고 너희 죄가 그 얼굴을 가리워서 너희를 듣지 않으시게 함이니."

죄가 기도를 방해한다. 많은 사람들이 계속 기도함에도 불구하고 응답을 받지 못한다. 아마도 그는 그것이 하나님의 뜻이 아니라고 생각할 수도 있고 또는 하나님께서 기도에 응답하시는 그런 시대는 지났다고 생각할 수도 있을 것이다. 옛날 이스라엘 사람들이 그렇게 생각했던 것 같다. 그들은 주의 손이 짧아져서 구원하실 수 없다고, 그 귀가 둔하여져서 들으실 수 없다고 생각했던 것이다.

그러나 이사야는 말한다. "아니다. 그렇지 않다. 하나님의 귀는 예전처럼 여전히 열려 있으며, 그의 손은 강력하셔서 충분히 구원하실 수가 있다. 그러나 방해거리가 하나 있다. 너희 자신의 죄가 바로 방해거리이다. 너희의 불법이 너희와 하나님 사이를 갈라놓았고, 너희의 죄로 인해 그 얼굴을 가리우시고 너희를 듣지 않으시는 것이다."

오늘날도 마찬가지이다. 많은 사람들이 하나님께 헛되이 부르짖게 되는 것은 그의 삶 속에 있는 죄 때문이다.

그것이 아직 고백하지 않아 용서받지 못한 과거의 죄 일 수도 있고, 아직도 여전히 품고 있는 현재의 죄 일 수도 있다. 그리고 그것이 죄라고는 생각조차 못할 수도 있다. 그러나 마음속에, 또는 삶에서 어딘가에 죄가 숨어 있다면, 하나님께서는 들으시지 않을 것이다. 그의 기도가 전혀 효과가 없다고 해서 그것을 하나님의 뜻이 아니기 때문이라고 여겨서는 안 된다. 하나님께 홀로 나아가 시편 기자의 다음과 같은 기도를 드려야 한다. "하나님이여 나를 살피사 내 마음을 아시며 나를 시험하사 내 뜻을 아옵소서. 내게 무슨 악한 행위가 있나 보시고 나를 영원한 길로 인도하소서"(시 139:23-24). 그리고 그 분이 보시기에 기뻐하시지 않는 것이 무엇인지 지목하여 주실 때까지 그 앞에서 기다려야 한다. 그런 후에 그 죄를 고백하고 사함을 받아야 하는 것이다.

과거 내 생애에서 두 가지 분명한 기도제목을 놓고 기도하던 시절이 생각난다. 그 두 가지는 꼭 있어야만 하고 만일 없다면 하나님께서 욕을 당하실 것이라고 여겼었다. 그러나 응답은 오지 않았다. 그러던 어느 날 한밤중에 나는 심한 육체적 고통과 영혼의 번민가운데 잠에서 깨어났

9 기도의 장애물들 ● 105

다. 그리고 그 두 가지를 위해 하나님께 부르짖었다. 그것들이 얼마나 필요한 것이며, 꼭 있어야 하는 지를 하나님께 변론하면서 밀이다. 그러나 응답은 없었다. 나는 내 자신의 삶에 무언가 잘못된 것이 있다면 나에게 가르쳐 달라고 간구했다. 그러자 이전에 종종 내 마음에 떠오르던 것이 새롭게 다시 떠올랐다. 분명히 죄였음에도 나는 그것을 죄로 고백하기를 꺼려하고 있었던 것이다. 나는 하나님께 말했다. "만일 이것이 잘못이라면, 나는 이것을 당장 포기하겠습니다." 그러나 여전히 응답은 없었다. 나는 그것이 잘못이라고 결코 받아들인 적이 없지만, 내 마음 가장 깊은 곳에서는 그것이 잘못이라는 것을 잘 알고 있었던 것이다.

마침내 나는 이렇게 말했다.

"이것은 잘못입니다. 제가 죄를 지었습니다. 이것을 포기하겠습니다."

나는 이내 평화를 찾았다. 그리고는 곧 어린아이처럼 잠이 들었다. 그리고 아침이 되어 잠에서 깨었을 때. 하나님의 영광을 위하여 그토록 필요로 했던 돈이 온 것이다.

죄라는 것은 정말 끔찍한 것이다. 그것은 기도를 방해

하는 요인들 중에서도 가장 엄청난 것이다. 그것은 모든 은혜와 능력과 축복의 근원으로부터 우리를 가로 막고 있는 것이다. 그러므로 누구든지 기도의 능력이 있기를 원한다면, 자신의 죄에 대하여 단호해야 한다. "내가 내 마음에 죄를 품으면 주께서 듣지 아니하시리라"(시 66:18). 죄를 그대로 붙잡고 있거나 혹은 하나님께 그저 변명만 하려고 하는 한 그분이 우리의 기도에 귀를 기울이시리라고는 기대조차 하지 말아야 한다. 하나님과의 긴밀한 기도의 시간에 끊임없이 마음속에 생각나는 다른 어떤 것이 있다면 그것이 바로 기도를 방해하는 것이다. 멀리 떨쳐 버려라.

### 3. 기도를 방해하는 세 번째 요인은 에스겔 14:3에서 보여주고 있다.

"인자야 이 사람들이 자기 우상을 마음에 들이며 죄악의 거치는 것을 자기 앞에 두었으니 그들이 내게 묻기를 내가 조금인들 용납하랴?" *마음속의 우상이 하나님으로 하여금 우리의 기도를 들으시기를 거절하게 만드는 것이다.*

우상이란 무엇인가? 하나님의 자리를 대신하는 것은 어떤 것이든 우상이다. 우리가 최고로 애착을 가지고 있는 것은 어떤 것이든지 우상인 것이다. 오직 하나님만이 우리의 마음에서 최고의 자리를 가질 권리를 가지고 계신다. 그 외에 그 어떤 것이든지, 그 누구든지 전부 하나님 밑으로 속해야 한다.

많은 남자들이 자신의 아내를 우상으로 만들고 있다. 자기 아내를 지나치게 사랑해선 안 된다는 말이 아니라, 아내를 그릇된 자리에 놓는 잘못을 범할 수도 있다는 말이다. 하나님보다 앞에 아내를 놓는 것이다. 하나님의 기쁨보다는 아내의 기쁨을 더 생각할 때, 아내를 첫 번째 자리에 놓고 하나님은 그 뒷전으로 밀려 날 때, 아내는 곧 우상이 되는 것이고 하나님은 그의 기도를 듣지 않으시는 것이다.

또한 많은 여자들이 자녀들을 우상으로 삼고 있다. 우리의 자녀들을 지나치게 사랑하지 말라는 말이 아니다. 오히려 그리스도를 진정으로 사랑하면 할수록, 자녀들을 더욱 지극히 사랑하게 되는 법이다. 하지만 우리는 자녀들을 그릇된 위치에 올려놓을 수가 있다. 우리는 자녀들을 하나님 보다 우선시 하며, 하나님의 관심사보다는 자녀들이 흥미 있어 하는 것에 더 관심을 갖는 것이다. 이럴 때에 자녀들은 우리의 우상이 되고 만다.

많은 사람들이 자신의 명성이나 사업을 우상으로 삼고 있는 경우도 있다. 명성이나 사업이 하나님보다 더 앞서 있는 것이다. 하나님께서는 그런 사람의 기도를 들으실 리가 없다.

능력 있는 기도를 하기 원한다면 매우 중대한 한 가지 질문에 대해 결정을 내려야 한다. 그것은 곧, 절대적으로 하나님이 최우선인가? 라는 질문이다. 그 분이 아내보다 우선인가? 자녀보다, 명성보다, 사업보다, 우리 자신의 생명보다 그 분이 우선인가? 만일 그렇지 않다면 기도에 응답을 받기란 불가능하다.

하나님께서는 가끔 우리 기도에 응답하시지 않음으로 우리로 하여금 우리들에게 우상이 있다는 사실을 깨닫게 하신다. 그리하여 왜 우리 기도가 응답받지 못하는지 스스로 질문하게 만드시고, 그렇게 해서 우리가 우상을 발견하고, 그것을 제거하고 나면 하나님은 우리의 기도를 들으시는 것이다.

### 4. 기도를 방해하는 네 번째 요인은 잠언 21:13절을 통해 알 수 있다.

"귀를 막아 가난한 자의 부르짖는 소리를 듣지 아니하면 자기의 부르짖을 때에도 들을 자가 없으리라."

아마도 인색함, 즉 가난한 자들과 하나님의 일에 대해 관대하지 못한 것만큼 기도를 가로막는 것도 없을 것이다. 다른 사람에게 후하게 베풀 줄 아는 사람이 곧 하나님으로부터도 후하게 받는 것이다. "주라. 그리하면 너희에게 줄 것이니 곧 후히 되어 누르고 흔들어 넘치도록 하여 너희에게 안겨 주리라. 너희의 헤아리는 그 헤아림으로 너희도 헤아림을 도로 받을 것이니라"(눅 6:38). 관대한 사람은 기도의 용사이다. 반면 인색한 사람은 기도에 능력이 없는 사람이다.

응답받는 기도에 대한 가장 훌륭한 진술 가운데 하나가 바로 (이미 언급한 바 있지만) 요한일서 3:22 이다. "무엇이든지 구하는 바를 그에게 받나니 이는 우리가 그의 계명들을 지키고 그 앞에서 기뻐하시는 것을 행함이라." 그런데 이 말씀은 궁핍한 자들에게 후히 베푸는 것과 직접적인 관련이 있는 말씀이다. 이 구절의 앞뒤 문맥을 살펴보면, 사랑을 말과 혀로 하지 말고 행함과 진실함으로 할 때, 궁핍한 중에 있는 형제에게 우리의 마음을 열 때, 바로 그 때 하나님을 향한 기도의 확신을 갖게 된다는 것을 알 수 있다. 많은 사람들이 자신들의 기도에 능력이 없는 이유를 찾으려 한다. 그러나 멀리서 찾을 필요가 없다. 거의 대부분 인색함에 그 원인이 있을 것이다. 이미 언급한 바와 같이 조지 뮬러(George Mueller)가 그토록 위대한 기도의 용사였던 것은 그가 베푸는 일에 있어서도 용사였기 때문이다. 하나님께로부터 받은 것은 결코 그의 손에 남아있는 법이 없었다. 그는 즉시로 그것을 다른 사람에게 전달했던 것이다. 그는 끊임없이 주고 있었기 때문에 끊임없이 받을 수 있었던 것이다. 오늘날 교회가 얼마나 이기적인 가를 생각해 볼 때, 교회가 그토록 기도의 능력이 없다는 사실이 그다지 놀랄만한 일도 못된다. 하나님으로부터 받기를 원한다면 다른 사람들에게 베풀 줄 알아야 하는 것이다. 우리에게 필요한 것들을 공급하시는 하나님에 대해서 성경이 말해주는 가장 놀라운 약속은 아마도 빌립보서 4:19일 것이다. "나의 하나님이 그리스도 예수 안에서 영광 가운데 그 풍성한 대로 너희 모든 쓸 것을 채우시리라." 이 영광스런 약속은 빌립보 교회에게 주어진 것이다. 그리고 그들이 얼마나 후히 베풀었는지를 직접적으로 보여주고 있는 것이다.

## 5. 기도를 방해하는 다섯 번째 요인은 마가복음 11:25 에서 볼 수 있다.

"서로 기도할 때에 아무에게나 혐의가 있거든 용서하라. 그리하여야 하늘에 계신 너희 아버지도 너희 허물을 사하여 주시리라."

용서할 줄 모르는 심령이야 말로 가장 보편적인 기도의 방해요인 중 하나이다. 기도는 우리의 죄가 사함을 받는다는 것을 근거로 하여 응답된다. 그러나 우리에게 잘못한 사람들에 대해 여전히 악한 감정을 품고 있는 동안에는 용서를 근거로 하여 우리를 대하실 수 없게 되는 것이다. 누구든지 다른 사람에 대해 원한을 품고 있다면 하나님께서는 그 사람 자신의 기도에도 귀를 닫아 버리시는 것이다. 그들의 남편과 자녀들과 친구들의 회심을 위해 하나님께 부르짖으면서 왜 그들의 기도가 응답되지 않는지 의아해 하는 사람들이 얼마나 많은가? 그 모든 원인은 자신에게 해를 끼친 사람들에 대해 여전히 악한 감정을 가지고 있기 때문이다. 많고 많은 부모들이 누군가를 미워하는 악감을 계속 품고 있기 때문에 자녀들을 위한 기도에도 불구하고 그 자녀들이 영영 구원받지 못한 상태로 남게 되는 것이다.

**6. 기도를 방해하는 여섯 번째 요인은 베드로전서 3:7 에서 발견할 수 있다.**

"남편 된 자들아 이와 같이 지식을 따라 너희 아내와 동거하고 저는 더 연약한 그릇이요 또 생명의 은혜를 유업으로 함께 받을 자로 알아 귀히 여기라. 이는 너희 기도가 막히지 아니하게 하려 함이라." 여기서 우리는 *부부 사이의 잘못된 관계가 기도를 방해하는 요인이라는 것을 분명히 확인하게 된다.* 허다한 경우에, 남편들의 기도가 막히는 것은 아내에 대한 의무를 다하지 않기 때문인 것이다. 한편 아내들의 기도가 막히는 것 역시 남편들에 대한 의무를 다 하지 못한 데에 있는 것이다. 남편과 아내들이 자기들의 기도가 응답받지 못하는 원인을 부지런히 찾는다면, 서로의 관계에 문제가 있다는 것을 발견하게 될 것이다. 매우 경건해 보이고 주의 일에 열심을 내는 많은 남자들 가운데서도 아내를 대하는 일에 관하여서는 거의 고려조차 하지 않는 경우가 흔히 있는 것이다. 난폭한 정도는 아니지만 아내를 불친절하게 대하는 것이다. 그러면서도 왜 그의 기도가 응답되지 않는지 의아해 하는 것이다. 방금 인용한 그 구절이 미스터리 같아 보이는 이 사실을 설명해 주고 있다. 한편, 교회에는 아주 헌신적이고 예배에도 충실히 참석하면서도 남편에게는 매우 소홀히 하는 여자들이 많이 있다. 남편에게 까다롭고 퉁명스럽게 대하고, 날카로운 말로 상처를 주며, 성질을 부리는 것이다. 그러면서도 왜 자신의 기도에 능력이 없는지 의아해 하는 것이다.

공개적으로 밝힐 수는 없지만, 그 밖에도 기도 가운데 하나님께 나아가는 것을 방해하는 것들이 부부사이에는 많이 있다. 많은 죄들이 결혼이라는 거룩한 이름하에 그냥 덮여 있는 것이다. 바로 이것이 영적인 죽음과 무능력한 기도의 원인이 되는 것이다. 누구든지 간에 기도에 응답을 받지 못한다면 결혼생활 전체를 하나님 앞에 펼쳐 놓아야 할 것이다. 그리고 하나님께서 그의 보시기에 어떤 점이 언짢으신지를 일일이 지적해 주시기를 구해야 할 것이다.

### 7. 기도를 방해하는 일곱 번째 요인은 야고보서 1:5-7을 통해 알 수 있다.

"너희 중에 누구든지 지혜가 부족하거든 모든 사람에

게 후히 주시고 꾸짖지 아니하시는 하나님께 구하라. 그리하면 주시리라. 오직 *믿음으로 구하고 조금도 의심하지 말라.* 의심하는 자는 마치 바람에 밀려 요동하는 바다 물결 같으니 이런 사람은 무엇이든지 주께 얻기를 생각하지 말라."

불신앙에 의해 기도가 방해를 받는 것이다. 하나님은 우리에게 그의 말씀에 대한 절대적인 신앙을 요구하신다. 그 말씀에 의문을 품는 것은 하나님을 거짓말쟁이로 만드는 것이다. 그런데 우리 중 많은 사람들이 하나님의 말씀을 구하면서도 의심을 하고 만다. 그렇게 의심하면서도 기도에 응답이 없다는 것이 이상한 일이겠는가? 우리의 그 몹쓸 불신앙 때문에 얼마나 많은 기도들이 응답을 받지 못하는가? 우리는 하나님의 말씀에 확실히 약속되어 있는 것을 구하기 위해 하나님께로 나아간다. 그러면서도 그것을 얻게 된다는 것은 절반 정도도 믿지 못하는 것이다. "이런 사람은 무엇이든지 주께 얻기를 생각하지 말라."

# 10

# 언제 기도할 것인가

-When to Pray -

기도 생활의 풍성한 축복을 바로 알려면 올바른 방법으로 기도해야 하는 것뿐만 아니라, 적절한 때에 기도하는 것 또한 중요한 것이다. 그리스도 자신이 보이신 모범이 언제 기도하는 것이 적절한지에 대한 충분한 가르침을 주고 있다.

### 1. 마가복음 1:35은 이렇게 말씀하고 있다.

"새벽 오히려 미명에 예수께서 일어나 나가 한적한 곳으로 가사 거기서 기도하시더니."

예수께서는 이른 아침을 기도시간으로 택하셨다. 수많은 하나님의 사람들이 예수님의 이와 같은 모범을 좇아 행해오고 있다. 이른 아침 시간은 그 정신이 맑고 최고의 상태에 있게 된다. 흐트러지는 마음을 추스르기에 가장 좋은 시간인 것이다. 가장 효과적인 기도를 위해서는 온전히 하나님께만 집중해야 하는데, 이른 아침 시간이 가장 적합한 것이다. 더욱이 이른 아침 시간을 기도로 보내고 나면 하루 종일을 거룩하게 보내게 된다. 그리고 삶의 유혹들을 이기고 우리의 의무를 다 할 수 있는 힘을 얻게 된다. 하루 중 다른 어떤 시간보다도 이른 아침 시간이 기도를 통해 더 많은 것을 얻기에 가장 좋은 시간인 것이다. 그리스도를 위한 최고의 인생을 원한다면 하루 중 첫 시간을 말씀과 기도를 통해 하나님을 만나기 위해 따로 떼어 놓아야 할 것이다. 매일 우리가 하는 첫 일이 바로 홀로 하나님께 나아가는 일이 되어야 하는 것이다. 그리고 그날의 해야 할 일들과 봉사들, 이겨야 할 시험들을 위한 모든 힘을 하나님으로부터 공급받는 것이다. 시험과 유혹 또는 봉사해야할 시간이 오기 전에 우리는 승리를 이미 확보해 두어야 한다. 은밀한 기도의 장소야 말로 우리의 싸움을 싸우고 승리를 얻기 위한 장소인 것이다.

## 2. 누가복음 6:12은 우리에게 올바른 기도의 시간에 대해 더 밝히 보여주고 있다.

"이 때에 예수께서 기도하시러 산으로 가사 밤이 맞도록 하나님께 기도하시고."

여기에서 우리는 예수께서 기도로 온 밤을 지새우신 것을 보게 된다. 물론, 우리는 주님께서 밤마다 그렇게 하셨는지를 추측해 볼 필요는 없다. 또한 그것이 일상적인 일이었는지를 알 길도 없다. 그러나 분명한 것은 주님께서 밤을 지새워 기도하신 때가 있었다는 것이다. 이 점이 바로 우리 역시 주님의 발자취를 따라야 하는 이유인 것이다.

물론, 따로 밤을 정하여 기도하기로 작정을 해도 별다른 유익이 없는 경우도 있다. 순전히 율법주의적으로만 했기 때문이다. 그러나 철야기도가 이렇게 오용될 수 있다고 해서 철야기도 자체를 무시해도 되는 것은 절대로 아니다. 하나님께서 밤을 지새우는 우리의 행위를 동정하셔서 어여쁘게 봐주시기를 바라며 "제가 이렇게 온 밤을 지새우며 기도하려고 해요"라고 말해서도 안 된다. 다름 아닌 이것이 바로 율법주의이다. 오히려 우리는 이런 말을 자주 해야 할 것이다. "하나님을 만나고 그의 능력과 축복을 얻기 위해 이 밤을 따로 떼어 구별해야겠다. 필요하다면, 그가 나를 이끌어 주신다면, 온 밤을 지새워 기도하리라." 종종 날이 채 밝기 전에 우리의 기도를 다 하게 되는 경우도 있다. 그럴 경우엔 밤을 지새우지 못했다 해도 재충전을 위해 잠자리에 드는 것이 더 나을 것이다. 때로는 하나님께서 우리를 당신과의 교제 안에 붙들어 두

셔서 아침이 올 때까지 기도하게 하시는 것이다. 하나님의 무한하신 은혜로 이렇게 기도하게 하신다면, 밤을 지새우는 그 기도야 말로 너무나 복된 것이다!

밤을 지새워 하나님께 기도드린 후에는 언제나 능력 있는 하루를 살게 된다. 밤이면 온 세상이 잠을 자듯 고요해지고, 아무런 방해 없이 편안히 하나님과 교제를 나눌 수가 있다. 밤을 지새우며 기도하기로 마음을 먹었다면, 서두를 필요는 없다. 하나님 앞에서 우리 심령이 잠잠해 질 때가 올 것이다. 우리의 정신이 온통 성령의 인도 아래 이끌림을 받을 때가 있을 것이다. 기도할 내용들을 완전히 다 아뢸 수 있는 충분한 시간을 갖게 될 것이다. 따라서 밤을 지새워 하는 기도는 전적으로 하나님의 인도하심을 따라야 하는 것이다. 얼마나 오래 기도 할지, 무엇을 기도할 지에 관하여 우리 스스로 규칙을 정해 놓아서는 안 된다. 짧은 시간이든 긴 시간이든 우리는 하나님의 인도를 받을 준비가 되어 있어야 한다. 그리고 그 분이 인도하시는 대로 이끌림을 받아야 하는 것이다.

### 3. 예수 그리스도께서는 *그의 공생에 동안에 큰일을 앞두고는 항상 기도하셨다.*

열두 제자를 택하시기 전에도, 산상수훈을 하시기 전에도 그는 기도하셨던 것이다. 전도여정을 시작하기 전에도, 성령으로 기름 부으심을 받기 전에도, 공생에 사역을 시작하기 전에도 역시 기도 하셨던 것이다. 그의 죽음이 임박했음을 제자들에게 알리시기 전에, 십자가에서 그의 위대한 생의 사역을 완성하시기 직전에도 그는 기도하셨다 (눅 3:21-22; 6:12-13; 9:18,21,22; 22:39-46; 막 1:35-38). 주님은 모든 중요한 순간마다 오랜 시간 기도함으로 준비하신 것이다. 우리 또한 그렇게 해야 한다. 인생의 고비 때마다 우리는 하나님께 기도하는 시간을 가짐으로써 그 일에 대비해야 한다. 이런 기도를 위해 우리는 많은 시간을 할애해야만 한다.

### 4. 그리스도께서는 인생의 중대한 사건들과 승리를 눈앞에 두고서 뿐만 아니라 *큰 성취 또는 중대한 위기*를 맞은 이후에도 기도하셨던 것이다.

주님은 물고기 두 마리와 보리떡 다섯 개로 오천 명을

먹이셨다. 그 때 무리들은 주님을 자신들의 왕으로 삼고자 하였다. 그 때에도 주님은 무리들을 돌려보내신 후 따로 산에 오르셔서 오랜 시간 하나님께 기도하셨던 것이다 (마 14:23; 요 6:15). 그리하여 주님은 승리에 승리를 거듭하셨던 것이다.

우리는 대개 인생의 중대한 사건 전에는 기도를 하지만 그 후에는 기도를 하지 않는 것 같다. 그러나 그 이전만큼이나 이후 또한 중요한 것이다. 우리가 큰 성취를 맛본 후에도 기도하는 것을 잊지 않는다면, 우리는 더 크게 나아가게 될 것이다. 우리는 종종 주님의 이름으로 무엇을 한 후 자만하거나 혹은 지쳐버려서 더 이상 전진하지 못하는 경우가 있다. 아주 많은 사람들이 기도의 응답으로 능력을 받아 주님의 이름으로 큰일을 행하는 경우가 있다. 그러할 때, 홀로 주님 앞에 나아가 자신을 낮추고 모든 영광을 하나님께 돌려드리는 대신에, 성취된 일을 스스로 자축하며 우쭐하여 하나님을 뒷전으로 밀어내버리게 되는 것이다. 큰일들이 성취된 후에 겸손히 하나님께 기도드리는 일이 뒤따르지 않는 것이다. 그래서 교만이 마음속에 들어오고 용사들이 능력을 상실하게 되는 것이다.

**5. 예수 그리스도께서는 아주 바쁘실 때 일수록 특별히 시간을 내어 기도하셨다.**

주님은 그럴 때 일수록 자신을 따르는 무리들로부터 벗어나 광야로 나가 기도하셨다. 예를 들어, 누가복음 5:15-16에 보면 이렇게 기록되어 있다. "예수의 소문이 더욱 퍼지매 허다한 무리가 말씀도 듣고 자기 병도 나음을 얻고자 하여 모여오되 예수는 물러가사 한적한 곳에서 기도하시니라."

어떤 사람들은 너무 바빠서 기도할 시간을 좀처럼 얻지 못한다. 그러나 그리스도께서는 더 바쁘면 바쁠수록 더욱 더 기도하셨던 것이다. 때로는 식사할 시간도 없으셨고, 심지어 잠을 청할 시간조차 없으셨다. 그러나 항상 시간을 내어 기도하셨다. 사역이 많으면 많을수록 주님은 더욱 기도하셨던 것이다.

수많은 하나님의 사람들이 그리스도로부터 이 신비한 비밀을 배웠던 것이다. 그들은 해야 할 일이 평소보다 많아질수록 평소보다 더 많은 기도의 시간을 가졌던 것이다. 몇몇 하나님의 사람들은 한 때 능력 있는 사역자였으나 그 능력을 잃어버리기도 한다. 이 기도의 비밀을 배우지 못했고, 따라서 일에 눌려 기도의 시간을 점점 갖지 못하게 되었기 때문이다.

몇 해 진 나는 신학생들과 함께 그 당시 가장 유능한 사역자중 한 명과 대화를 나눌 기회를 가진 적이 있다. 나는 이렇게 질문했다.

"당신의 기도생활에 대해 좀 말해 주시겠습니까?"

그는 잠시 아무 말도 없이 있다가 나를 진지하게 쳐다보며 말했다."글쎄요, 요즘 들어 일이 너무 많아서 기도할 시간이 거의 없었습니다. 기도를 하긴 해야 하는데 말입니다."

당연히 그는 이내 능력 없는 사람으로 전락하고 말았다. 그리고 그가 행하고 있던 큰 사역도 눈에 띠게 시들해져버렸던 것이다. 우리는 절대로 잊어서는 안 된다. 많은 일들이 우리를 압박하여 오면 올수록, 더 많이 기도해야 한다는 사실을.

## 6. 예수 그리스도께서는 그의 생애 동안 큰 시험을 앞에 두고 기도하셨다.

주님은 십자가가 점점 더 가까이 다가오고, 그의 마지막 시련의 때가 임박했음을 깨닫고는, 기도하기 위해 동산으로 가셨다. 그는 "제자들과 함께 겟세마네라 하는 곳에 이르러 제자들에게 이르시되 내가 저기 가서 기도할 동안에 너희는 여기 앉아 있으라"고 하셨다(마 26:36). 갈보리의 승리는 그 날 밤 겟세마네 동산에서 이미 얻은 것이다. 빌라도의 법정과 갈보리의 그 참담함 가운데서도 보여준 그 장엄한 위엄 역시 그날 밤 겟세마네에서의 몸부림과 고뇌와 승리의 결과였던 것이다. 예수께서 기도하시는 동안 제자들은 자고 있었다. 그리하여 주님은 제자들이 굴욕을 당해 쓰러져 있는 동안에도 의연히 서계셨던 것이다.

많은 유혹들이 예고도 없이 우리에게 다가온다. 우리가 할 수 있는 전부는 단지 그 순간 그 자리에서 하나님께 도움을 부르짖는 것뿐이다. 그러나 또한 멀리서 다가오는 인생의 시험들을 미리 볼 수도 있다. 그런 경우에 우리는 그 시험이 실제 우리에게 미치기 전에 이미 승리를 얻어야 하는 것이다.

**7. 데살로니가전서 5:17에는 "*쉬지 말고 기도하라*"고 말씀하고 계시며, 에베소서 6:18은 "*무시로 기도하라*"고 말씀하고 계신다.**

우리의 삶 전체가 바로 기도의 삶이 되어야 한다. 하나님과의 끊임없는 교제 가운데 걸어가야 하는 것이다. 우리 영혼이 항상 하나님을 올려다보고 있어야 하는 것이다. 우리는 그렇게 습관처럼 하나님의 임재 속에서 인생을 걸어가야 하는 것이다. 그리하여 한밤중에 잠에서 깨었을 때마저도 이 세상에서 가장 자연스러운 일이 바로 하나님께 감사를 드리며 간구하는 일이 되어야 하는 것이다.

# 11

# 총체적인 부흥의 필요
-The Need of a General Revival-

지금과 같은 시대에 올바른 기도를 드리려면, 기도의 많은 부분을 전반적인 부흥을 위해 할애해야 할 것이다. "우리를 다시 살리사 주의 백성으로 주를 기뻐하게 아니하시겠나이까?"(시 85:6)라는 시편 기자의 이 간절한 부르짖음이 바로 우리가 살고 있는 오늘날 절실히 필요한 기도일 것이다. 하나님의 법을 쓸모없는 것으로 치부해 버리는 이 시대야말로 주께서 일하셔야 할 때인 것이다. 오늘날은 세상과 교회 모두 성경에 기록된 주님의 음성을 무가치한 것으로 만들어 버리고 있다. 교회와 하나님을 믿지 않는 세상 모두가 하나님의 법을 쓸모없는 것으로 만들어버렸다. 이러한 때는 오히려 실망할 때가 아니다. 하나님과 성경을 믿는 자들에겐 실망이란 결코 있을 수 없다. 이때야말로 여호와께서 직접 일하실 때이기 때문이다. 조금이라도 생각할 줄 아는 그리스도인이라면, 또한 시온 망대 위의 파수꾼과 같은 사람이라면, 시편 기자와 같은 마음으로 부르짖게 될 것이다. "저희가 주의 법을 폐하였사오니 지금은 여호와의 일하실 때니이다"(시(119:126)라고 말이다.

오늘날 가장 절실히 요구되는 것은 바로 전반적인 부흥이다.

먼저 전반적인 부흥이란 무엇인지 한 번 생각해 보자.

부흥이란 생명을 전해주어 소생시키는 시기를 말한다. 오직 하나님 한 분만이 생명을 주실 수 있다. 하나님께서 그의 백성들을 찾아오셔서 성령의 능력으로 새 생명을 주시는 때, 죄와 사망 가운데 죽어있는 죄인들에게 생명을 주시는 그 때가 바로 부흥의 때이다. 전문 부흥사들은 교묘하고 최면적인 방법으로 종교적인 흥분 상태를 만들기도 한다. 그러나 그러한 것들은 부흥이 아닐뿐더러 필요치도 않다. 그러한 것들은 사탄이 부흥을 모방한 것에 불과하다. **하나님께로부터 오는 새 생명** - 바로 이것이 부흥이다. 전반적인 부흥이란 하나님으로부터 새 생명이 임하는 때를 말하는 것이다. 그 부흥은 일부 지역에 한정되는 것이 아닌 모든 온 땅위에 두루 걸쳐 전반적으로 일어나는 것을 말한다.

전반적인 부흥이 필요한 이유는 영적 죽음과 고립, 사망이 두루 퍼져 있기 때문이다. 나라에 따라 차이는 있겠지만 영적 죽음의 상태는 비단 한 나라에 국한되지 않는다. 해외 선교 현장에도 국내 전도 현장에도 일반적인 현상이 되어 버렸다. 우리는 과거에 일정한 지역에 국한된 그런 부흥을 경험하기도 했었다. 이 목사 저 목사에게, 이 교회 저 교회에게, 이 지역 저 지역에, 생명력 있는 하나님의 역사가 나타났었다. 그러나 현대는 전체적인 부흥의 역사가 절실히 필요한 때이다.

그럼, 부흥으로 나타나는 결과는 어떤 것이 있는지 잠시 살펴보자. 교회의 목회자들과 구원받지 못한 자들에게 부흥은 각각 다음과 같은 결과로 나타난다.

### 1. 부흥이 목사들에게 가져다주는 결과는 다음과 같다.
**(1) 목사가 영혼을 향한 새로운 사랑을 갖게 된다.** 영혼을 사랑하는 간절한 마음이 있어야 함에도 불구하고 대개의 목사들은 그렇지 못하다. 예수님처럼, 바울처럼 그렇게 영혼을 사랑하는 마음이 없는 것이다. 그러나 하나님은 당신의 백성들을 찾아오신다. 그리고 구원받지 못한 영혼들을 향해 목사들의 마음이 움직이게 된다. 가까운 형제들의 구원 문제가 그들에게 큰 간절함으로 다가온다. 위대한 설교를 하겠다는 야망과 자신의 명성 따위는 잊고

서 단지 사람들이 그리스도께로 이끌리기만을 갈망하게 되는 것이다.

**(2) 진정한 부흥이 임하면, 목사들이 하나님 말씀에 대한 새로운 사랑과 믿음을 갖게 된다.** 성경에 대한 의심과 비판은 멀리 날려 보내고, 오직 성경과 십자가에 달리신 그리스도만을 전하게 된다. 교리적으로 분명한 길을 찾지 못했던 목사들은 부흥을 통해 정통 신학을 갖게 된다. 순전하고 총체적인 부흥은 이단을 가려내어 ?아버리는 정도의 것 보다 훨씬 큰일을 이루어내는 것이다.

**(3) 부흥은 목사들의 설교에 새로운 자유와 능력을 가져온다.** 목사들에게 설교는 한 주일 내내 고민하고 준비해야 하는 큰 부담이었다. 게다가 그렇게 준비한 설교를 직접 하는 것 역시 신경을 곤두세우고 애를 써야 하는 것이다. 그러나 부흥은 이런 모든 부담들을 떨치고 설교가 기쁨과 활력이 되도록 하는 것이다. 부흥의 때에는 설교에 능력이 나타나는 것이다.

**2. 부흥은 목사들에게 뿐 아니라 일반 그리스도인들에게도 크고 뚜렷한 결과를 나타낸다.**

**(1) 부흥의 때에 그리스도인들은 세상과 구별된 삶을 살게 된다.** 세상과 벗하여 살던 그리스도인들은 그것들을 모두 던져 내버리게 된다. 그것은 있어서는 안 될 것임을 알게 되는 것이다. 그리고 그리스도의 찬란한 생명과 빛을 체험하게 되는 것이다.

**(2) 부흥의 때에 그리스도인들은 새로운 기도의 영을 받는다.** 기도 모임은 더 이상 짐이 되지 않는다. 기도 모임은 이제 절실히 필요한 것이 되는 것이다. 혼자서도 열심을 다해 기도하게 된다. 하나님께 드리는 진지한 기도의 소리가 밤낮으로 울려 퍼지는 것이다. "과연 하나님이 기도에 응답하실까?"라는 질문은 더 이상 하지 않는다. 그리스도인들은 하나님이 응답하시는 것을 알게 되고 밤낮으로 은혜의 보좌로 나아가게 되는 것이다.

**(3) 부흥의 시기에는 잃어버린 영혼들을 위해 그리스도인들이 나아가 일을 하게 된다.** 단순히 자기들끼리 즐기

고 복을 얻기 위해 모이는 것이 아니다. 그들은 잃어버린 영혼을 찾고 그리스도 앞으로 데리고 오기 위해 모이는 것이다. 그들은 거리에서나 가게에서, 가정에서 사람들에게 말을 건넨다. 그리스도의 십자가, 구원, 천국, 지옥이 대화의 주제가 되며 정치, 날씨, 최신 유행 등은 어느새 사라지게 되는 것이다.

**(4) 부흥의 때에 그리스도인들은 그리스도 안에서 새로운 기쁨을 갖는다.** 삶은 곧 기쁨이 되고 새로운 생명, 새로운 기쁨을 누리게 되는 것이다. 부흥의 때는 즐거움의 나날들이며 이 땅에서 맛보는 천국이 된다.

**(5) 부흥의 때에 그리스도인들은 하나님의 말씀에 대해 새로운 사랑을 얻게 된다.** 그들은 밤낮으로 말씀을 공부하기 원한다. 부흥의 때는 술집이나 극장에게는 나쁘다. 그러나 서점이나 성경출판사에게는 좋은 것이다.

**3. 부흥은 또한 불신세계에도 결정적인 영향을 끼친다.**
**(1) 무엇보다, 부흥은 죄에 대한 깊은 각성을 가져온다.**

예수님께서는 성령이 오시면 그가 죄악 된 세상을 책망하실 것이라고 하였다(요 16:7,8). 우리가 살펴본 바와 같이 부흥이란 곧 성령의 오심을 말하는 것이다. 그렇기에 성령이 오실 때 죄의 각성이 새롭게 일어나는 것은 당연한 것이다. 만일 어떤 것을 두고 부흥이라고들 하면서도 거기에 죄에 대한 각성이 없다면, 그 부흥은 가짜라는 것을 즉시 알게 될 것이다. 죄에 대한 각성이야말로 진정한 부흥의 표식이기 때문이다.

**(2) 부흥은 또한 회심과 중생을 가져온다.** 하나님이 그의 백성들을 새롭게 하실 때, 그분은 항상 죄인들 또한 회개케 하시는 것이다. 오순절 성령 강림의 첫 번째 결과는 바로 그 다락방에 있던 120명의 제자들에게 임한 새 생명과 능력이었다. 두 번째 결과는 하루에 3,000명의 회심자가 나타나는 것이었다. 부흥의 때에는 언제나 그런 것이다. 나는 그리스도인들이 크게 격려를 받은 결과 도처에서 일어나는 부흥에 대한 이야기를 끊임없이 접하게 된다. 그런데 거기에는 회심이 없는 것이다. 나는 그런 종류의 부흥에 대해 의심하지 않을 수 없다. 그리스도인이

진정으로 새롭게 변화를 받는다면, 아직도 구원받지 못한 자들을 향하여 기도와 증거와 권면을 하게 되는 것이다. 그리고 거기에는 반드시 회심이 있게 된다.

우리는 전면적인 부흥이 무엇인지, 그 부흥이 일어나면 어떤 일이 생기는지를 살펴보았다. 그러면 이제 오늘날 그와 같은 부흥이 왜 필요한가라는 질문에 직면하게 된다.

그것이 무엇이며, 그것이 어떤 일을 일으키는지에 대한 단순한 설명만으로도 그것이 필요하다는 것을 충분히 입증할 수 있을 것이다. 그럼 오늘날 전면적인 부흥이 절실하게 필요한 상황을 구체적으로 몇 가지 살펴보자. 그러한 상황을 이야기하다보면 비관론자라는 비난도 받게 될지도 모르겠다. 그러나 만약 현실이 실제로 비관적이라면 기꺼이 비관론자라고 불리겠다. 낙관론자가 되고 싶어 모든 일에 눈을 감고 검은 것을 희다고, 틀린 것을 옳다고, 죄를 의라고, 죽음을 생명이라고 부르고 싶은 마음은 추호도 없다. 그러나 나는 동시에 낙관론자이다. 현실의 참 모습을 지적하고 좀 더 나은 현실로 이끌어 갈 것이기 때문이다.

**1. 먼저 목회 사역을 한번 보자.**

**(1) 소위 정통적인 목사라고 하는 사람들 중에도 실제로는 불신자들이 많이 있다.** 다소 노골적인 표현일지는 몰라도 논란의 여지가 없는 분명한 사실이다. 자유주의자들과 우리 신학교수들의 가르침을 볼 때, 거기에는 근본적인 차이가 없는 것이다. 단지 우리 신학교수들의 경우, 좀 더 세련되고 학문적인 표현들을 사용하여 돌려서 말할 뿐 실상은 자유주의자들의 그것과 같은 의미인 것이다. 소위 말하는 새로운 교리와 고등비평이라고 하는 것은 톰 페인(Tom Paine)<18세기 영국의 팜플렛 저자이자 자유주의 신학자 -역자주>의 자유주의에다가 달콤하게 설탕을 입혀 놓은 것에 지나지 않는다. 진정한 학자로 알려져 있는 한 독일 교수는 언젠가 어떤 신학적 입장에 대한 글을 읽은 후 그것이 당대의 학문적인 비평을 공정하게 표현해 주고 있느냐고 물었다. 사람들이 그렇다고 대답했을 때 청중들은 다음과 같은 그의 대답에 깜짝 놀랄 수밖에 없었다.

"제가 방금 읽은 것은 자유주의 신학자인 톰 페인(Tom Paine)의 *이성의 시대(Age of Reason)*의 한 구절입니다."

고등 비평에는 새로운 것이 거의 없다. 우리 목사후보생들이 불신 교수 밑에서 교육을 받는 일이 비일비재하다. 그들은 성숙한 신앙을 갖지 못한 채로 신학교나 대학에 들어가게 되고, 그대로 자연스레 졸업을 하는 것이다. 그리고는 목회 현장으로 나아가니 결국은 교회에 해악을 끼치게 되는 것이다.

**(2) 목사들이 정통 신앙을 가진 경우에도 - 그런 사람들이 많음을 하나님께 감사드려야 하지만 - 기도의 사람이 아닌 경우가 많다.** 현대 목사들 중에 씨름하며 기도하는 것, 밤을 새워 기도하는 것이 무엇인지 알고 있는 사람이 과연 얼마나 있을까? 그런 목사가 얼마나 되는지 나는 모른다. 그러나 분명히 많지 않다는 것만은 알고 있다.

**(3) 목사들 중에는 영혼에 대한 사랑이 없는 사람들도 많다.** 설교를 하지 않고서는 견딜 수가 없어서 설교하는 사람이 몇이나 될까? 많은 영혼들이 멸망으로 치닫고 있

다는 안타까움에, 설교를 통해 몇이라도 구원하고자 하는 심령으로 설교하는 사람이 몇이나 될까? 그리고 그렇게 설교하는 목사들 중에 바울처럼 이디시나 사람들에게 다가가 하나님과 화목하라고 열심히 설득하는 사람은 몇 명이나 되는가?

아마 이 정도면 목사들의 상황에 대해서는 충분히 이야기한 것 같다. 분명한 것은 부흥은 우리를 위해 필요하다는 것이다. 부흥이 오지 않으면 우리 중 몇몇은 하나님 앞에 서서 책망과 저주를 받아야 할 것이다. 부흥은 반드시 올 것이다.

## 2. 이제 교회를 한 번 살펴보자.

(1) 오늘날 교회가 가지고 있는 교리들을 한 번 보라. 암담할 지경이다. 많은 사람들이 성경 전체를 다 믿지는 않는다. 창세기를 신화로 보고, 요나서는 비유로 보며, 하나님의 아들 독생자께서 행하신 기적들에 대해서 의혹을 갖고 있다. 기도에 관한 교리는 구닥다리가 되었고, 성령의 역사라고 하는 것은 비웃음거리가 되어버렸다. 회심 같은 것은 필요로 하지도 않으며, 더 이상 지옥의 존재는

믿지 않는다. 자, 우리가 신앙을 잃어버리는 데서 발생하는 온갖 과오와 잘못들을 보자. 크리스챤 사이언스, 유니테리언주의, 심령술, 만인구원설, 또는 심령 치유 등등 사탄의 교리들이 뒤죽박죽으로 난무하고 있다.

**(2) 교회의 영적 상태를 보라.** 교회 성도들 가운데 세상적인 사고방식이 판을 치고 있다. 많은 성도들이 부자가 되고 싶어서 온갖 방법을 다 동원한다. 그들은 부를 쌓기 위해 세상적인 방법을 사용하고 그것을 갖게 되면 놓지 않기 위해 그만큼 더 애를 쓴다. 기도하지 않는 성도들이 넘쳐나고 있다. 어떤 사람이 말하기를 그리스도인들은 기도 시간이 하루에 평균 5분을 넘지 않는다고 한다.

기도를 소홀히 하는 것과 동시에 하나님의 말씀을 소홀히 하는 현상 역시 교회 내에 팽배해있다. 평균적으로 보면, 많은 수의 그리스도인들이 하나님의 말씀을 접하는 시간보다 두 배나 더 되는 시간을 신문을 뒤적이는데 할애하고 있다. 그리스도인들이 하루 평균 몇 시간이나 성경을 읽는데 사용할까?

기도와 말씀을 소홀히 하는 것과 더불어 베푸는 일 또한 부족하다. 오늘날 교회의 재정은 빠르게 증가하고 있는데도, 선교회의 재정은 텅텅 비어 있다. 그리스도인들이 해외선교를 위해 내는 돈은 평균 일 년에 일 달러도 안 되는 실정이다. 정말 소름끼치는 일이다.

그 다음으로는, 주일을 무시하는 성향이 점차 늘어나고 있다. 이제 이 날은 거룩한 예배를 위한 날이기 보다는 세상연락을 즐기는 날이 되어가고 있다. 온갖 공허한 얘기들과 스캔들로 가득한 일요신문이 성경을 대신하고 있다. 골프를 치거나 자전거를 타는 일, 친척들을 방문하는 일들이 주일학교와 교회의 봉사를 대신하고 있다.

그리스도인들은 적절치 못한 오락거리들로 세상과 뒤섞여 살아가고 있다. 믿지 않는 젊은 남녀들은 천박한 복장으로 유흥장에 다니고 도박에 빠져들어 가고 음란한 것에 노출되어 있는 것은 이미 옛날이야기가 되어버렸다.

우리들 가운데 예수 그리스도와의 진정한 교제 속으로 들어가 영혼들을 위해 짐을 함께 지는 이들의 수가 얼마나 적은가! 교회의 영적 상태에 대해서는 이제 충분히 이야기 한 것 같다.

**3. 이제 세상의 현실을 보자.**

**(1) 회심하는 사람들이 얼마나 없는지를 주목하여 보라.** 비교적 공격적인 전략으로 사람들을 전도하는 감리교회마저도 작년에 얻은 성도수보다 잃는 성도수가 더 많은 것이 현실이다. 여기저기서 믿음을 고백하여 교회의 새로운 일원이 늘어가는 교회들이 있기는 하나, 그런 경우는 매우 예외적인 상황이 되고 말았다. 새롭게 성도가 되는 사람들 가운데 깊고 철저하고 만족할 만큼 회심하여 변하는 경우는 더욱 적다.

**(2) 죄에 대한 각성이 거의 없다.** 자신의 지독한 죄 때문에 발아래 짓밟힌 하나님의 아들로 인해 가슴아파하는 사람은 드물다. 죄는 "불행한 일", "연약한 상태" 혹은 "발전하고 있는 상태"로 취급한다. 죄를 거룩하신 하나님을 거역하는 엄청난 잘못으로 여기는 경우는 거의 없는 것이다.

**(3) 불신앙이 난무하고 있다.** 많은 사람들이 성경이나 하나님에 대한 믿음을 거부하는 것과 심지어 부도덕한 것을 잘못으로 여기지 않는 것을 두고 지적 우월함의 표시

로 여기는 것이다. 그런 까닭에 아마도 그들이 그렇게 불신앙에 집착하는 것 같다.

**(4) 이렇게 널리 퍼져 있는 무신론과 함께 부도덕함도 만연되어 있다.** 무신론과 부도덕함은 몸이 붙어 있는 샴쌍둥이와도 같다. 그것들은 항상 함께 존재하고 함께 늘어난다. 이렇게 퍼져 있는 부도덕함은 어디에서나 볼 수 있다.

우리가 이혼이라고 부르는 이 합법적인 간음을 한 번 보라. 남자는 한 여자와 결혼하고 후에 또 다른 여자와 결혼을 해도 여전히 사회의 건전한 구성원으로 인정을 받는다. 여자도 마찬가지다. 미국에서 존경 받는 자리에 있으면서 다른 남자의 아내와 동거하는 사람들은 수천 명에 이른다. 또한 존경받는 여자들의 경우도 다른 여자의 남편과 동거하는 경우가 허다한 것이다.

이런 부도덕함은 극장에서도 나타난다. 동성애자들과 성도착자들, 무대 위에서 펼쳐지는 말로다 할 수 없는 천박한 것들이 현시대를 주름잡고 있는 것이다. 또한 이런 배우들이 오히려 매스컴을 통하여 보호받고 있으며 심지어 존경받는 지도자라는 사람들까지 이들을 환영하는 판국이다.

문학의 많은 부분들 또한 썩어 있다. 그런데도 점잖은 사람들은 분노하면서도 그것들을 읽는다. 부끄럽고 부도덕한 상스러운 것들은 예술이라고 포장된다. 여자들은 예술가들에게 그들의 완벽한 예술을 위해 윤리를 더럽히고 정숙함 따위는 내던져 버리라고 유혹을 받는다.

부자나 가난한 자나 할 것 없이 다 돈에 미쳐있다. 백만장자들은 동료의 영혼을 짓밟고 자신의 영혼을 팔아서라도 천만장자가 되기 위해 몸부림치고 있다. 노동자들은 자신들의 조합의 힘을 키우고 임금을 유지하기 위해 살인까지도 저지른다. 자격도 없는 정치꾼들이 정치가 행세를 하며 자신의 상업적, 정치적 이익을 위해 전쟁을 마구 일으키고 사람의 목숨을 파리 목숨처럼 여기고 있는 것이다.

방탕한 생활은 어디서나 머리를 쳐들고 있다. 신문에서도 게시판에서도 담배, 구두, 자전거, 약품 등의 광고에서도 볼 수 있다. 밤거리에서도 볼 수 있다. 교회 문을 나서기만 해도 볼 수 있다. 큰 도시에 지정된 유흥 상권은 물론 사업 지역, 주거 지역까지 점점 더 멀리 퍼져가고 있다.

세상에! 이제 점잖고 교양 있는 가정에서까지도 자세히 보면 그런 것들을 쉽게 찾아 볼 수 있다. 이 세상의 도덕적인 상태는 역겹고 병들고 소름끼칠 정노가 되어 버렸다.

우리에게는 성령의 능력으로 말미암는 깊고도 넓은 전면적인 부흥이 절실하다. 전면적인 부흥이 있든지 아니면 교회와 가정과 국가 모두가 박살이 나 버리든지 둘 중 하나이다. 하나님께로부터 오는 새 생명인 부흥이 치료 방법이다. 그것도 유일한 치료 방법이다. 부흥만이 부도덕과 불신앙의 그 무서운 파도를 제지할 것이다. 이 문제를 놓고 이러쿵저러쿵 논의하는 것 가지고는 해결 할 수 없다. 하늘로부터 급하고 강하게 부는 바람이 불고, 성령이 새롭게 부음을 받는 하나님이 직접 보내시는 참된 부흥이 필요한 것이다. 무신론, 고등비평, 크리스챤 사이언스, 심령술, 만인구원론 등 모든 것은 하나님의 성령의 부으심 앞에 완전히 무너져 내릴 것이다. 과거 자유주의자들과 불신철학자들을 처단하여 버린 것은, 우리들이 토론을 통해 우리 힘으로 한 것이 아니라 하나님께서 하신 일이다. 가볍게 '훅' 하고 부는 하나님의 입김 하나 만으로 말이다. 오늘날도 하나님의 이러한 역사가 있어야 한다. 이 시대의 급진적인 불신자들을 불어 날려버릴 역사가 필요한 것이다. 나는 이제 하나님의 그 숨결이 다가오고 있음을 믿는다.

오늘날 절실히 필요한 것은 바로 전면적인 부흥이다. 분명히 필요하다. 여기에 의견차이란 있을 수 없다. 우리는 어떻게 해야 할까? 시편 기자의 기도를 우리 것으로 삼자. "우리를 다시 살리사 주의 백성으로 주를 기뻐하게 하소서"(시 85:6). 에스겔의 기도를 우리 것으로 만들자. "(여호와의)생기야 사방에서부터 와서 이 사망을 당한 자에게 불어서 살게 하라"(겔 37:9). 오! 이 굉장한 소리를 들어보라! 땅이 진동하는 것을 보라! 나는 나의 뺨에 불어오는 그 기운을 느낄 수 있다. 하나님의 위대한 군대가 활기차게 일어나고 있는 것을 보는 듯하다. 성령이 임하시고, 하나님께서 당신의 백성들을 부흥시키실 때까지 기도하고, 기도하며, 또 기도하지 않겠는가?

# 12

# 부흥 전의 기도와
# 부흥이 임할 동안의 기도

-The Place of Prayer Before and during Revivals-

부흥에 있어서 기도의 위치를 살펴보지 않는다면 "어떻게 기도할 것인가?" 라는 이 주제를 온전히 다루었다고 할 수 없다. 기독교 역사에 있어서 첫 번째 큰 부흥은(인간 편에서 보자면) 열흘간의 기도모임에서 그 기원을 찾아 볼 수 있다. 우리는 몇 명의 제자들 이야기를 읽게 된다. "마음을 같이 하여 전혀 기도에 힘쓴 것이다"(행 1:4). 그 기도 모임의 결과를 우리는 사도행전의 두 번째 장에서 확인할 수 있다. "저희가 다 성령의 충만함을 받고 성령이 말하게 하심을 따라 다른 방언으로 말하기를 시작하니라"(4절). 좀 더 읽다보면 다음과 같은 구절을 읽게 된다. "이 날에 제자의 수가 삼천이나 더하더라"(41절). 이 부흥이 바로 진짜 부흥이며 영원한 부흥인 것이다. 그 때 회심한 사람들은 "사도의 가르침을 받아 서로 교제하며 떡을 떼며 기도하기를 전혀 힘썼고"(행 2:42), 또한 "주께서 구원받는 사람을 날마다 더하게 하신 것"이다(행 2:47). 그 날로부터 오늘에 이르기까지 참된 부흥은 모두 기도에서 비롯되었다. 조나단 에드워즈(Jonathan Edwards)의 주도하여 일어난 18세기의 큰 부흥은 그 유명한 그의 기도 요청과 함께 시작되었다. 인디

언들 사이에서 일어난 놀라운 은혜의 역사는 데이비드 브레이너드(David Brainerd)가 밤낮으로 하늘로부터 오는 능력을 간구한 결과였던 것이다. 하나님의 부흥의 능력이 가장 두드러지고 광범위하게 나타난 것은 찰스 피니(Charles G. Finney)의 사역을 통해 1830년에 뉴욕 로체스터에서 일어난 부흥이었다. 그것은 단지 미국 뿐 아니라 궁극적으로는 영국으로까지 확산되었던 것이다. 피니는 이것을 기도응답의 결과 성령께서 역사하신 것이라고 여겼다. 그는 자신의 자서전에서 다음과 같이 설명하고 있다.

"로체스터로 가는 길에 그곳으로부터 동쪽으로 약 30마일 떨어진 마을을 지날 때 내가 아는 한 목사가 내가 나룻배에 타고 있는 것을 보았다. 그리고는 배에 올라 나와 잠시 이야기 나눌 것을 청했다. 그는 그 대화에 점점 흥미를 느꼈고 내가 로체스터에 가는 것을 알고는 자기도 함께 하기로 마음을 먹었다. 우리는 거기에 며칠 안 있었지만 그는 자신의 죄를 깨닫고는 길거리를 지나면서 그 자리에서 소리 내어 울 수밖에 없었다. 하나님은 그에게 능력 있는 기도의 영을 주셨고 그의 마음은 깨어졌던 것이다. 그 사람과 내가 함께 기도하고 있을 때, 하나님께서 그 곳에서 어떤 일을 하실 것인지에 대하여 그 사람이 갖고 있는 믿음을 보고 나는 충격을 받았다. 그는 이렇게 기도한 것 같다. '주님 이 일이 구체적으로 어떻게 될지는 모릅니다. 그러나 당신께서 이 도시에 큰일을 행하시리라는 것만큼은 알 것 같습니다.' 기도의 영이 힘 있게 부어졌다. 그래서 몇몇 사람들은 공예배를 드리던 도중에 달려와 함께 기도하였다. 설교를 듣고 그들의 감정을 억제할 수 없었던 것이다.

"여기서 한 사람의 이름을 소개해야할 것 같다. 앞으로도 내가 종종 언급하게 될 텐데, 바로 아벨 클레리(Abel Clary)라는 분이다. 그는 매우 훌륭한 사람의 아들이며, 내가 회심했던 교회의 장로였다. 그는 내가 회심했던 부흥의 시기와 같은 시기에 회심한 사람이다. 그는 강도사 자격이 있었다. 하지만 기도의 영이 너무 충만한 나머지 영혼을 위해 기도하는 것에 사로 잡혀 설교를 할 수 없을 정도였다. 그는 모든 시간과 힘을 전부 기도하는 데 쏟아 부었다. 그의 심령은 너무나 강렬하여 제대로 서 있지도 못하고 한 숨을 내쉬며 몸부림치곤 하였다. 나는 그와 아주 가깝게 지냈다. 그리고 그를 사로잡은 그 놀라운 기도의 영에 대해서도 잘 알고 있다. 능력 있는 기도의 영을 가진 대부분의 사람들처럼 그는 매우 조용한 사람이었다.

"어느 날 그곳에서부터 서부로 1마일 정도 떨어져 살고 있는 점잖은 한 신사가 아벨 클레리(Abel Clary) 목사를 아느냐고 물었다. 나는 그를 잘 안다고 했더니 그는 '그가 저희 집에 며칠 머물고 있는데 그를 어떻게 해야 할지 모르겠습니다'라고 했다. 나는 그 때 그가 로체스터에 있는지 처음 알았다. '저희 모임에서 본 적이 없습니다'고 하자 그는 '아니오, 그는 모임에 참석할 수 없다고 하더군요. 그러고는 거의 온종일 기도하고 있습니다. 밤낮으로 간절히 몸부림치며 기도하는데 어떻게 해야 할지 모르겠습니다. 어떤 때는 일어서지도 못하고 마루에 무릎을 꿇고 앉아 신음하며 기도합니다. 정말이지 그의 그런 모습이 저를 매우 놀라게 합니다'라고 대답했다.

"나는 그에게 이렇게 대답했다. '이해합니다. 그를 그대로 놔두십시오. 그가 옳다는 것이 밝혀질 것입니다. 그는 꼭 응답받을 것입니다.'

"그 당시 그런 식으로 기도하는 사람들이 상당수라는 것을 난 알았다. 클레리(Clary) 목사를 비롯한 상당수의 남녀들이 같은 심정으로 많은 시간을 내어 간절히 기도했었다. 나의 사역에 힘이 되고 도움이 되던 내쉬(Nash) 선생도 놀라운 능력으로 계속 기도하던 사람 중 한 명이었다. 클레리 목사는 내가 로체스터에 있는 동안 계속 그곳에 있었고 내가 떠날 때까지 그는 떠나지 않았다. 내 기억으론 그는 결코 대중 앞에 나서지 않았다. 오로지 기도에만 전적으로 헌신하였던 것이다.

"그 당시 어번(Auburn)에서 보내는 두 번째 주일로 기억한다. 나는 지친 얼굴로 회중석에 앉아있는 클레리(Clary) 목사를 보게 되었다. 그는 기도의 고뇌로 가득한 모습이었다. 그에게 주어진 하나님의 위대한 은사와 기도의 능력을 잘 알고 있었기에 그를 거기에서 보게 된 것이 무척 기뻤다. 그는 의사인 그의 동생과 함께 있었다. 그 동생은 신앙을 가지고 있다고는 하지만 내 생각엔 아벨의 큰 은사에 대해 실제로 알지 못하는 사람이었다.

"휴식시간에 곧바로 강단에서 내려가 클레리와 그의 동생을 만났다. 그의 동생은 함께 그의 집에 가서 잠시 쉬면서 다과를 나누자 했고 나는 그렇게 하겠다고 했다.

"그의 집에 도착한 후 우리는 곧바로 식탁에 함께 자리하였다. 그 식사자리에서 클레리는 아벨에게 '아벨 형님, 기도를 좀 해주시겠습니까?'라고 부탁했다. 아벨은 머리를 숙이고 모두가 들리도록 기도를 하기 시작했다. 기도를 시작하고 나서 불과 한 두 문장쯤 말하였을 때 그는 기도를 멈추고 식탁 뒤로 물러서서 급하게 자기 방으로 좇아 들어가는 것이었다. 의사인 클레리는 자기 형이 갑자기 탈이 난 것으로 여기고는 일어나 뒤따라갔다. 얼마 후, 그는 다시 내려와 내게 말했다, '피니 선생님, 아벨 형님이 당신을 뵙고 싶어 합니다.' "나는 물었다, '그에게 무슨 일이 있나요?' "그가 대답했다, '잘은 모르겠습니다, 그런데 당신은 알고 있을 거라고 그러더군요. 무척이나 괴로워 보였습니다. 마음이 상당히 편치 않은 모양이에요.'

"나는 이내 상황을 짐작하고서는 그의 방으로 갔다. 그는 침대위에서 신음하고 있었다. 성령께서 그의 안에서, 그를 위해 말할 수 없는 탄식으로 간구하고 계셨던 것이다. 내가 방에 도착하여 채 방안으로 들어가기도 전에 그가 말했다, '피니 선생, 기도해주시오.' 그의 영혼에 회심의 역사가 일어나도록 나는 무릎을 꿇고 그를 도와 기도하였다. 그의 괴로움이 사라질 때까지 나는 계속하여 기도하였다. 그리고는 나는 다시 식탁을 돌아와 앉았다.

"나는 그것이 하나님의 음성이었다는 것을 알 수 있었다. 기도의 영이 그의 위에 임하는 것을 알 수 있었고, 그 영향력이 나에게까지 미치고 있는 것을 느꼈다. 그리고 나의 사역에 능력으로 임하게 될 것이라 여겼고, 그대로 되었던 것이다. 나중에 그 곳 목사가 말하기를 내가 거기에 머문 여섯 주간 동안에 오백 명의 영혼들이 회심하였다고 한다."

피니는 부흥을 주제로 하는 그의 강연에서 하나님의 백성들의 기도의 응답으로 일어난 다른 놀라운 각성들을 이야기 하고 있다. 그는 한 군데서 다음과 같이 말한다, "한 목사가 자기 교인들 가운데 일어난 부흥에 대해 말해 주었는데, 그것은 열심 있고 헌신적인 한 여자로부터 시작되었다는 것이었다. 그녀는 죄인들에 대한 안타까운 마음이 들었고, 그들을 위해 계속 기도하였다. 그런데 기도를 할 때마다 괴로움은 더하여 갔고 마침내는 그녀의 담임목사를 찾아갔다. 그리고 그녀는 그 안타까운 영혼들을 위한 기도모임을 시작해 달라고 요구하였다. 왜냐하면 그

것이 꼭 필요하다고 느꼈기 때문이다. 그 목사는 그렇게까지 할 필요성을 느끼지 못했기 때문에 그녀를 그냥 돌려보냈다. 다음 주에 그녀는 다시 찾아왔고, 그 기도모임을 시작해 줄 것을 간절히 원했다고 한다. 그녀는 누군가는 그 모임에 올 것을 알고 있었다. 하나님께서 성령을 쏟아 부어주실 것을 느꼈기 때문이다. 목사는 그녀를 다시 돌려보냈다. 그러자 그녀는 결국 이렇게 말했다, '만일 목사님께서 기도모임을 지정해주시지 않는다면, 저는 죽습니다. 왜냐하면 거기엔 부흥이 일어날 것이 확실하기 때문입니다.' 그 다음 주일, 그 목사는 기도모임을 지정하였고, 만일 영혼구원에 대해 그와 대화기를 원하는 사람이 있다면 그 날 저녁 그들과 만나 이야기를 나누겠노라고 했다. 그의 생각과는 달리 그가 그 정해진 장소에 갔을 때, 거기엔 영혼에 대해 묻기 위해 많은 사람들이 와 있었던 것이다." 또 다른 장에서는 이렇게 이야기한다, "1852년 가을, 한 밤중에 오네이다(Oneida) 지방의 교회들 위에 강력한 부흥의 광선이 비치었는데, 이는 아주 연약한 한 여인으로부터 시작되었다. 그녀는 능력 있는 부흥을 결코 경험해 본 일이 없었다. 그녀의 영혼은 죄인들을 향하여 있었고, 또한 나라를 위한 기도로 몸부림치고 있었다. 그녀는 자신을 괴롭히는 것이 무엇인지도 잘 몰랐다. 그러나 그녀는 그 괴로움으로 자신의 몸이 망가지는 지경에 이르기까지 기도하고 또 기도했다. 그러던 어느 날 마침내 그녀는 기쁨으로 충만하여 소리쳤다. '하나님께서 임하셨다! 하나님께서 임하셨어! 하나님의 역사가 시작된 것이 틀림없어. 그 하나님의 역사가 온 지역을 뒤덮을 것이다!' 그리고 그녀의 말대로 확실히 하나님의 역사가 시작되었던 것이다. 그녀의 가족들 거의 모두가 회심하였고, 그 하나님의 부흥의 역사가 그 지역 전체에 걸쳐 퍼져나갔던 것이다.

1857년 미국의 대부흥 역시 기도로 시작되었고, 다른 그 어떤 것보다 기도에 의해 이루어졌던 것이다. 카일러(Cuyler) 박사는 몇 해 전 한 종교 신문에 다음과 같은 글을 썼다. "대부분의 부흥은 그 시작은 초라하고, 그 불은 몇몇 뜨거운 가슴을 가진 사람들로부터 타오르기 시작한다. 그러나 그런 작은 일들을 결코 무시해서는 안 된다. 나의 긴 목회경험에 비추어 볼 때, 거의 모든 은혜의 역사는 그와 비슷한 시작으로 말미암는다. 어떤 모임은 겨

우 몇 시간 전에 알려져서 한 개인의 집에서 시작되기도 하였다. 또 다른 경우는 우리 선교회 예배에서 무디 선생이 인도하던 성경공부 모임에서 시작되기도 하였다. 그 중에서도 가장 힘 있게 일어난 부흥의 역사는 1월의 어느 추운 저녁, 나의 집에서 있었던 청년모임에서 그 불이 붙기 시작했었다. 스펜서(Spencer)박사는 자신의 목회의 기록들(Pastor's Sketches)-내가 읽은 이런 종류의 책들 중에서 최고로 추천하고 싶은 책이다 -에서 우리에게 다음과 같이 말하고 있다. 그의 교회에서 일어난 놀라운 부흥은 한 절름발이 금발 노인이 자신의 골방에서 드린 뜨거운 기도로부터 시작되었다고 한다. 그 신실한 기독교인인, 유니온 신학교의 스키너(Tomas H. Skinner)박사는 그가 필라델피아의 아치 스트리트 교회(Arch Street Church)의 목사로 있을 때, 그의 서재에서 있었던 세 명의 진실한 신자들과의 놀라운 모임에 대한 이야기를 들려주었다. 그들은 문자 그대로 기도로 씨름하였다. 그들은 죄의 고백을 통해 마음을 정결하게 하고, 하나님 앞에서 스스로를 낮추었다. 그리고 다른 교회의 직원 한 명이 그들 모임에 합세하였다. 그리고는 이내 그 천국 불꽃이 퍼져나갔고 그 도시에서는 유래 없는 가장 강력한 부흥이 일어난 것이다."

16세기 초에 아일랜드(Ireland)의 얼스터(Ulster)에서는 큰 종교적인 각성이 일어났다. 영국왕실에 몰수당한 반란군 우두머리들의 땅에는 모험정신으로 똘똘 뭉친 이주민들이 정착하였다. 그러니 거기엔 진정한 경건은 거의 찾아 볼 수 없었다. 스코틀랜드에서 온 다섯 명과 영국에서 온 두 명, 이렇게 총 일곱 명의 목사가 1613년 처음으로 그곳에 도착하였다. 그들 중에는 블레어(Blair)라는 목사가 있었는데, 다음과 같이 기록되어 있다. "그는 여러 날을 밤낮으로 기도했다. 홀로 하기도 하였고 다른 사람들과 함께 하기도 하였다. 그리고 그는 하나님과 매우 친밀한 관계를 가졌다." 제임스 글렌데닝(James Glendenning)이라는 사람은 그저 평범하고 미천한 사람이 있었는데, 그 역시 기도에 대해 위에서 말한 그와 같은 자세를 가지고 있었다. 그런데 부흥의 역사가 이 글렌데닝이라는 사람을 통해 일어났다. 그 당시의 한 역사가는 이렇게 말하고 있다, "그는 만일 현명한 노회라면 결코 사역자로 그를 선택할 리가 없는 그런 사람이었고, 또한 이 땅의 개혁을 위해 보냄 받은 그런 사람도 아니었다. 그러나 하나님은 당신의 놀라운 역사를 시작하시기 위해 이 사람을 선택하신 것이다. 내가 이것을 언급하는 이유는 바로 이 더렵혀진 땅을 하나님의 거룩한 나라로 변화시키는 일이 오직 하나님의 역사하심에 달려있다는 것을 모든 사람들이 알게 하려는 것이다. '그 일은 힘으로 되지 아니하며 능으로 되지 아니하고 오직 나의 신으로 되느니라.'" 많은 무리들이 올드스톤(Oldstone)에서의 그의 설교를 듣고서 양심의 가책과 두려움을 느끼게 되었다. 그들은 잃어버린바 되고 저주받은 자신들의 모습을 서로 쳐다보며 부르짖었다. "여러분, 우리가 구원받기 위해 무엇을 해야 하겠습니까?" 그들은 하나님의 말씀의 능력에 완전히 사로잡혀 큰 충격을 받았던 것이다. 하루에 열 명이 넘는 사람들이 죽은 듯 실신하여 문 밖으로 실려 나갔다. 그들은 연약한 여자들이 아니라 이웃에 대하여 늘 큰소리치는 대담한 사람들이었다. "칼도 겁내지 않는, 온 동네 시장 바닥에서 소동을 부리던 그런 사람들"이 그렇게 쓰러져 실려 나간 것이다. 그들 중 한 사람에 대해 그 역사가는 이렇게 기술하고 있다. "나는 어느 한 사람에 대한 얘기를 들었다. 매우 용맹하고 강한 사람이었던 그는 지금 용맹한 기독교인이 되었다. 그는 말하기를 과거에는 친구들과 함께 어떻게 하면 못된 짓을 할까 상의하기 위해 교회에 나왔다"고 한다.

이러한 부흥의 역사는 온 나라 전역으로 퍼져나갔다. 1626년경에 앤트림(Antrim)에서 월례기도회가 열렸다. 그 부흥의 역사는 다운(Down)과 앤트림의 경계를 넘어서 이웃 지방의 교회들로까지 퍼져나갔다. 그 영적인 일에 대한 관심이 대단해서 삼사십 마일이나 떨어진 곳에서도 그리스도인들이 집회로 모여들었다. 그리고 도착해서 집으로 돌아갈 때까지 그들은 지치거나 잠을 자지도 않은 채 계속하여 기도하였다. "그들 중 많은 사람들이 먹거나 마시지도 않았고, 어떤 사람들은 완전히 새롭고 왕성한 하나님의 영이 충만하여 집으로 돌아갔다." 이 부흥은 북 아일랜드(northern Ireland)의 성격 자체를 완전히 바꾸어 놓았다.

1859년에 일어났던 북아일랜드의 또 다른 대각성 운동이 일어났는데, 그 기원 역시 이와 비슷하다. 잘 모르는 사람들은 이 놀라운 역사가 아무런 예고나 준비도 없이 이루어졌다고 생각하였다. 그러나 1860년 아일랜드 장로 교회의 총회장이었던 깁슨 목사(Rev. William Gibson)는 그 영적 대각성에 대한 그의 기록에서 그 일이 2년 동안 어떻게 준비되어져왔는지에 대하여 말해주고 있다. 총회에서는 당시의 영적 수준이 매우 낮다는 것과 따라서 뭔가 부흥이 필요하다는 논의가 계속 되었었고, 특별기도회가 이어졌었다. 마침내 네 명의 청년들이 켈스(Kells)근방에 있는 낡은 학교에서 함께 모이기 시작했고, 그들은 그 놀라운 부흥을 이끌어낸 장본인들이 되었던 것이다. 1858년 봄 즈음에 능력의 역사가 일어나기 시작했다. 그것은 마을에서 마을로 지방에서 지방으로 퍼져 나갔다. 건물 안에서 집회를 갖기엔 너무 많은 군중이 모여들었고, 어쩔 수 없이 야외에서 집회를 열어야만 했다. 수천 명의 군중이 운집한 경우도 자주 있었다. 한 번의 집회에서 수백 명이 회심하는 경우도 빈번했다. 어떤 곳에서는 재판정과 감옥이 거기에 오는 사람이 없어서 폐쇄되기도 했다. 거기엔 놀랍고도 분명한 성령의 능력이 강하게 임했던 것이다. 목사들과 기독교인들이 그분을 진정으로 믿고 의지하며 기도로써 길을 예비할 때, 성령께서는 사도시대와 꼭 같은 역사를 일으키실 것이다.

잉글랜드와 스코틀랜드에서 일어나 후에 미국으로까지 퍼진 무디(Moody)의 놀라운 사역 역시 기도에서 비롯되었다. 무디도 많은 남녀들이 하나님께 부르짖기 시작하기 전까지는 그다지 감동을 끼치지는 못했다. 무디가 영국으로 가게 된 것도 확실히 병으로 침대에 누워있는 한 성도의 끈질긴 기도의 응답으로 이루어진 것이었다. 기도가 계속되는 동안에는 부흥이 힘 있게 임하였지만, 점점 더 기도가 줄어들게 되자 부흥의 능력은 현격하게 줄어들었던 것이었다. 오늘날 소위 부흥이라고 불리는 것이 진정한 부흥이 못되는 이유는 하나님의 능력이 아닌 인간적인 방법들을 의지하기 때문이다. 그 하나님의 능력은 진실되고 끈질긴 믿음의 기도를 통해서 얻어지는 것이다. 우리는 하나님의 능력은 감소해가고, 온갖 인간의 방법이 홍수를 이루는 시대에 살고 있다. 오늘날 여기저기서 터져나오는 소리들은 일, 일, 일, 새로운 조직, 새로운 방법, 새로운 장비 다 이러한 외침들뿐이다. 그러나 오늘날 정말로 우리에게 필요한 것은 기도이다. 이 강력한 무기인 기도를 옆으로 제쳐놓게 만드는 것이 바로 사탄의 훌륭한 술책인데, 이것은 교회가 느슨해질 때면 늘 발휘되었던 것이다. 사탄은, 교회가 기도하는 것을 포기하기만 한다면 그리스도의 이름으로 세상을 정복하기 위해 교회 조직을 늘리고 방법을 연구하는 것을 전혀 마다할 이유가 없는 것이다. 사탄은 오늘날의 교회를 보며 웃으면서 이렇게 말할 것이다.

"주일학교를 운영해도 좋고, 청년회를 꾸려나가도 좋다. YMCA나 여전도회 등도 얼마든지 활용하라. 교회총회와 기독교학교, 소년단도 운영하라. 멋들어진 찬양대와 좋은 오르간, 유능한 설교자, 부흥을 위한 온갖 노력도 다 동원하라. 단, 진지하고 끈기 있게 믿음을 가지고 하나님께 기도하여 전능하신 하나님의 능력을 가져오는 그런 일만 하지 않는 다면 말이다."

만일 교회가 오직 기도에 온 정성을 다 쏟는다면, 오늘날도 예전과 같은 놀라운 역사를 일으킬 것이다.

오늘날 교회가 이 사실에 대해 자각하고 있다는 징표가 점점 나타나고 있는 것 같기도 하다. 여기저기서 하나님이 예전에 그들이 알지 못했던 기도에 대한 열의를 목회자 개개인과 교회들에게 주시고 계신다. 인간의 수단을 의지하는 현상은 줄어들고 하나님을 점점 더 의지하고 있는 것이다. 목사들이 능력을 얻기 위해 밤낮으로 부르짖고 있다. 교회와 교회의 단체들이 이른 아침과 늦은 밤에 함께 모여 늦은 비를 주시기를 하나님께 부르짖고 있다. 강력하고 광범위한 부흥이 임박할 것이라는 모든 징후들이 나타나고 있다. 바로 이러한 때에 부흥이 임하여야만 하는 이유는 충분하다. 그리고 부흥이 임한다면, 그것은 역사상 그 어느 부흥보다도 널리 임할 것이다. 나라들 간에는 케이블과 메일 등을 통한 통신망이 잘 형성되어 있다. 그러므로 미국을 불태울 하나님의 부흥의 불길이 순식간에 지구상의 땅 끝까지 퍼져나갈 것이다. 이러한 불길이 임하기 위하여 필요한 것은 오직 기도이다.

모든 교회가 기도하기 위해 다 함께 모여 시작할 필요는 없다. 위대한 부흥은 언제나 몇몇 사람들의 마음속에서 먼저 시작되었다. 하나님께서는 당신의 성령을 통해 그들로 하여금 살아계신 하나님, 우리 기도에 응답하시는 하나님을 믿는 믿음을 불러일으키신다. 그리고 그런 그들의 마음에 하나님께 끈질기게 부르짖고자 하는 열망을 주시는 것이다.

부디 하나님께서 이 책을 사용하셔서 많은 사람들에게 기도하고픈 마음을 불러일으키시고, 우리에게 절실히 필요한 그 부흥이 속히 임하게 되기를. 우리 모두 기도하자. 지각(知覺) 있는 하나님의 자녀라면 이렇게 말하게 될 것이다. "기도하고, 기도하고 또 기도해야겠구나. 나의 온 힘과 마음을 다 쏟아 부어 기도해야겠다. 내가 어떠한 일을 하든지 간에 반드시 기도해야 하겠다."

R. A. Torrey의 이 "기도에 관한 작은 책"은 솔직하면서도 매력적이다. 이 책은 "그리스도를 위해 그처럼 많은 일을 해낸 사람이 있다는 사실이 믿기지 않을 정도다."라고 토레이에 대해 말한 한 전기 작가의 표현을 잘 반영해주고 있다.

토레이는 영적인 기도, 그리스도 안에 거하는 것, 기도의 장애물들, 기도하기에 가장 좋은 시간, 기도를 통한 부흥의 추구 등과 같은 '인생을 변화시키는 기도'의 핵심요소들을 간결하게 잘 다루고 있다. 토레이는 또한 살아있는 영으로 하나님과 대화하기 위한 실제적인 방법에 대해서도 약술하고 있다.